はじめての
TOEIC® L&R テスト
ハーフ模試 3回分

長田いづみ

ask
PUBLISHING

はじめに

元リケジョが26歳から英語学習を始め、英検1級とTOEIC TESTで990点（満点）を取りました。TOEIC好きが高じてTOEIC講師になり、現在は大学や企業で、5000人を超える方達にTOEICスコアアップの方法を教えてきました。毎年、大学に入ったばかりの学生さんに「ガイダンス」という形でTOEICを教えています。400人入る大講義室で立ち見が出ることもあります。その数百人の学生さんに尋ねると、TOEIC受験経験のある学生はごくわずか。何から始めたら良いか全くわからない、という状態です。

一方で、就職活動を始めたら、履歴書にTOEIC L&Rテストのスコアを書く必要があります。公開テストの日本全体の平均は500点程度ですが、学生が履歴書に書ける最低のスコアは600点。それ以下の点数を書くと「英語ができないとアピールしたいのか」と人事担当者に思われてしまいます。また、履歴書にスコアを書かないと、面接の際に口頭で聞かれるという話も聞きます。

600点は、取って取れない点数ではありません。**長い人生の中でたった3カ月**頑張れば、600点を取れる人は多いと思います。

- 初めてTOEICを受験する
- 何から始めていいかわからない
- どんな参考書が必要かわからない
- 2時間英語だけで試験を受けるのが不安

そんな方達のお役に立てるよう、この本を書きました。**本番の半分の時間で力試しができるハーフ模試3つとコラムの学習法**を使って、フルサポートしていきます。

本書に収録している問題について

- 本番の模試よりは少し易しく、難問なし。頻出の問題タイプをほぼ網羅していますが、**高得点者でも解き終えることが難しいPart 7のトリプルパッセージは収録していません。**
- 実際の試験の半分の問題（リスニング50問、リーディング50問　計100問）を解き、負荷を軽くしながら、試験の感覚をつかんでください。

解くだけでなく、「アビメ」を元に弱点分析。学習法も紹介

- すべての問題に本番にも即役立つ「ポイント」解説を収録しており、問題への向き合い方がわかります。本書の模試は、TOEIC L&Rテストの本試験同様、リスニング・リーディング各5種の**問題タイプ別の正答率（Abilities Measured　通称「アビメ」）が出せる**ようになっています。四柱推命という統計学が「動物占い」になったように、結果のタイプ別に「アビメ占い」（p. 32-39参照）ができます。**2000人のアビメを見てカウンセリングを行ってきた著者の経験に基づいています。**自分の弱点やそれを克服するための学習法を紹介していますので、ぜひやってみてください。

延べ約500人のモニターテストの結果を本書のハーフ模試に反映しています

著者は企業研修や大学の講義で授業をするほか、スコアアップお役立ちメールマガジンを配信しています。
http：//www.reservestock.jp/subscribe/79778
研修先やメルマガ読者様のご協力を得て、延べ500人にモニターテストを行い、正答率や間違えやすい問題を分析しました。これを元に模試を作り変え、解答解説にも反映しています。
ぜひ本書を活用し、自分に合ったTOEICへの取り組み方を見つけて目標スコアを獲得しましょう。

2020年2月

長田いづみ

目 次

Half Test 1

> **おすすめ学習法**

Half Test 2

Half Test 3

💡 **解答のヒント　コラム集**

本書の使い方

本書には本番の試験の半分の問題数で構成されたHalf Test（各100問、別冊テスト冊子）3セットと解答解説が収録されています。問題タイプ別の正答率に基づく「アビメ占い」には弱点補強のための勉強方法も収録されていますので、問題を解き終わったあとも、本書を十分に活用し、スコアアップに役立ててください。

1. TOEIC® L&Rテストガイド（本冊）

はじめて受験する人のために、テストの概要、各パートの出題内容と例題、受験の準備から、受験後のスコアシートの見方までを解説しています。600点をとるための学習のしかたについてはコラムページにも詳しく書かれていますので、参照してください。

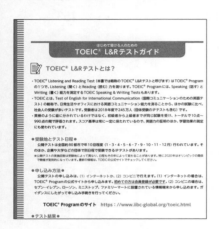 

2. テスト（別冊 テスト冊子）

別冊にはテストと解答用紙が収録されています。巻末の解答用紙を切り取り、リスニングセクション受験のためのダウンロード音声を用意しましょう。（音声のダウンロード方法は、p. 9にあります）

模試は62分〜63分です。各テストの表紙に記載されている時間を守り、タイマーをセットしましょう。

テストは静かな環境で行い、本番同様、音声を聞き逃しても止めたり戻したりせず、最後まで続けて解きましょう。

テストの表紙

巻末・解答用紙

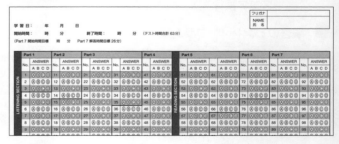

解答用紙（pdf）は、弊社サイトからもダウンロードできます。(p.9参照)

3. 答え合わせと正答率の記入（本冊）

テストが終了したら、各テストの解答解説の前のページにある「解答と問題タイプ一覧」のページで答え合わせをしましょう。本番のTOEIC L&Rテストと同様、問題タイプ別の正答率を出すことができ、「アビメ占い」で弱点もわかります。参考スコアの出し方はp. 214を参照してください。

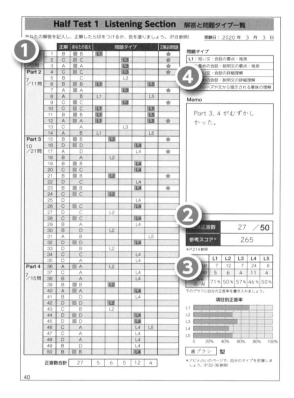

❶「あなたの答え」のところに、自分のマークした解答を書き込みましょう。正解した場合は、右側の「問題タイプ」の部分に色を塗るなど印をつけましょう。

❷正答数、参考スコアを記入します。

❸問題タイプ別に正答数を記入、正答率を計算してグラフを作成しましょう。グラフの形で弱点がわかります。

・解答と問題タイプ一覧のページ（pdf）

・あなたの答えを入力するだけでグラフが生成できるファイル（Excel）

以下のファイルが弊社サイトよりダウンロードできます（p.9参照）

自分のアビメがどのタイプに当たるかは、記入した項目別正答率のグラフとp. 32-39を参照ください。

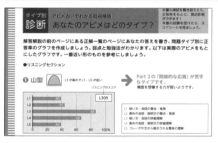

4. 解答解説（本冊）

正解、問題や会話などの日本語訳、解説、語注に加え、本番で役立つ「ポイント」があります。ぜひ活用してください。

❹スクリプトと訳
❺解説
❻語句注
❼ポイント解説

❶ダウンロード音声のトラック番号

❷ナレーターの国籍と性別表示

W: 女性　**M:** 男性

　アメリカ　　　カナダ

　イギリス　　　オーストラリア

❸問題のタイプ、注意すべき問題

❸-1 `L3` 問題タイプ

リスニング、リーディングで各5種類あります。
p. 31「アビメの項目を知ろう」を参照。

❸-2 🌸 正解必須問題

モニターテストで7割以上の人が正解している問題。必ず正解できるようにしましょう。

❸-3 🎧 音ワナ問題

リスニング問題で、音が似ていたり同じだったりする選択肢を選ばせる引っかけ問題。モニターテストでも多くの受験者が引っかかっています。

こんなふうに学習しよう！

本書の効果的な使い方

1. 受験経験があり、手元に公式認定証（スコアシート）がある方
（2年以内のスコアが望ましいです。スコアだけでなくアビメがわかるものをお持ちの方）
まずはp. 32からのアビメ占いで、自分のタイプを占ってみましょう。リスニング、リーディングそれぞれ何タイプでしたか。自分に必要なトレーニングを確認しましょう。また、コラムを参考に学習計画を立ててみましょう。

2. 受験経験がなく、初めてこの本を手に取った方
本書にはハーフ模試が3セット付いています。まずはTOEICガイドを読み、模試を1つ解いてみてください。答えあわせ後、マークシートを見ながら「解答と問題タイプ一覧」に記入し（書き方はp. 7参照）、正答率を計算しましょう。棒グラフの形で正答率を書きこみ、アビメのタイプを判断しましょう。自分が何タイプか占ったら、自分に必要なトレーニングを確認し、学習計画を立てましょう。（ハーフ模試のアビメの自動計算ができるExcelシートがダウンロードできます　p.9参照）

◎モデルプラン（2カ月の場合）

1週目　**模試の受験準備〜Half 1受験**
　　　　TOEICガイドと該当するコラムを読む、どの公開テストを受けるか、申し込み締め切りも確認。
　　　　逆算日程を作成
　　　　　Half 1 を受験　　➡　答え合わせ、正答率の記入、アビメタイプの診断、解答解説を読む

2週目　**Half 1の復習、学習計画の作成**
　　　　学習計画は、アビメタイプの診断結果を考慮して立てる
　　　　・解答解説を使った復習（リスニング）（例　リッスン＆リピート）
　　　　・解答解説を使った復習（リーディング）（例　文法学習、スラッシュリーディング）

3週目　　Half 2 を受験　　➡　答え合わせ、解答解説を読む、アビメタイプの診断、解答解説を読む

4週目　**Half 2の復習**
　　　　・解答解説を使った復習（リスニング）（例　リッスン＆リピート）
　　　　・解答解説を使った復習（リーディング）（例　文法学習、スラッシュリーディング）

5週目　　Half 3 を受験　　➡　答え合わせ、解答解説を読む、アビメタイプの診断、解答解説を読む

6週目　**Half 3の復習**
　　　　・解答解説を使った復習（リスニング）（例　シャドーイング）
　　　　・解答解説を使った復習（リーディング）（例　語彙学習）

7週目　**今までに間違えた問題などを復習、音声を聞く**
　　　　・時間があれば、公式問題集などで200問の問題に挑戦

8週目　　　　TOEIC® L&Rテスト受験
　　　　→スコアシートが返ってきたら、アビメ占いをやって改善策を練る

こんな問題が出る！

●写真のタイプと描写文

人が一人の写真：He's ...ing ～. のように、進行形で人の動作や状態が描写されることが多い。

人がいない写真：物の状態、位置関係が描写される。

人が複数の写真：サンプル問題のように、それぞれの人の動作、共通の動作、物の状態などが描写される。

●よく出る場面

オフィス、会議室、リビングやホテルの部屋、小売店や飲食店、作業場、車など乗り物と道路や橋、公園や屋外の店、家や建物の外観など。

●よく出る単語

ビジネスや日常生活でよく目にする光景が描写されます。引き出し (drawer)、ノートパソコン (laptop)、乗り物 (vehicle)、修理する (fix) などの基本的な単語の意味と発音を知っておく必要があります。

(p. 143　コラム「単語の覚え方」参照)

◎解き方のポイント

1. 俯瞰で写真を見る

まず写真を全体的に眺めましょう。人物のあるなしや、写っている物などをチェックします。その上で、人物同士の位置関係や物の位置関係、人物の動作などをチェックしましょう。

2. 消去法も有効

写真に写っていないものが出て来たらその選択肢は不正解。また、人物の動作が違う場合も不正解です。4つの選択肢のうち正しいものを選ぶ出題形式なので、消去法も有効です。具体的な消去法のやり方はコラム99ページを参照ください。

3. 写真問題で大事な3つのポイント

写真問題を解く上で大事なポイントは

(1) 日常語

(2) 上位語

(3) 時制

です。詳しくはp. 43のコラムで確認しましょう。

サンプル問題の解答解説

1. **正解** ▶ **(C)** 🍁 M

(A) Shopping carts are being collected together.

(B) Women are talking near some goods.

(C) Some customers are browsing at a supermarket.

(D) Some people are entering a grocery store.

(A) ショッピングカートが集められているところだ。

(B) 女性たちが商品の近くで話している。

(C) 顧客がスーパーマーケットの中を見て回っている。

(D) 数人が食料品店に入ろうとしているところだ。

browse（見て回る）という動作がポイント。スーパーで買い物客が商品を見て回っている写真なので(C)が正解。

Part 2　応答問題　25問　(目標正解数　17問)

質問（問いかけ文）か発言に対する応答として適切なものを選びます。指示文以外の文字情報はありません。

PART 2

Directions: You will hear a question or statement and three responses spoken in English. They will not be printed in your test book and will be spoken only one time. Select the best response to the question or statement and mark the letter (A), (B), or (C) on your answer sheet.

---

7. Mark your answer on your answer sheet.
8. Mark your answer on your answer sheet.
9. Mark your answer on your answer sheet.
10. Mark your answer on your answer sheet.
11. Mark your answer on your answer sheet.
12. Mark your answer on your answer sheet.
13. Mark your answer on your answer sheet.
14. Mark your answer on your answer sheet.
15. Mark your answer on your answer sheet.

● 1つの質問または発言と3つの応答を聞き、最も適切な応答を選ぶ問題。

質問や応答は印刷されておらず、音声は1度しか読まれない。

※ 問題用紙には、左のように、「解答用紙に答えをマークすること」という指示文しか書かれていません。
"Now let us begin with question No. 7." 「それでは7番の問題を開始します」が読まれたら聞く準備をしましょう。

サンプル問題　音声を聞いて、適切な選択肢を選びましょう。🎧003　（問題番号は実際のテストとは異なります）

Mark your answer on your answer sheet.　Ⓐ Ⓑ Ⓒ

こんな問題が出る！

● **質問または発言のタイプ**
  WH疑問文（Who, When, Where, What, Why, How）
  Yes/Noで答えるタイプの疑問文（Do you 〜？ Can you 〜？ など）
  そのほかの疑問文（否定疑問文、念を押すisn't itなどが使われる付加疑問文）
  つぶやき表現（意見、お知らせ、提案などの平叙文）

● **よく出るトピック**
  仕事の現場や店、旅行先などでよく行われるやりとり。場所や日時・理由を尋ねる、予定・進捗を尋ねる、申し出、依頼、確認や念押し、意見や提案など

● **その他**
  WH疑問文以外では、Would you 〜？ Could you please 〜？などの依頼表現、Would you like 〜？ のような好みを尋ねる表現、Let's 〜. などの提案の表現、I (don't) think 〜. のような意見を言う表現など。

サンプル問題の解答解説

2. 正解 **(A)** 🇺🇸 W ⇒ 🇨🇦 M

Who deals with customer inquiries outside office hours?

(A) We have a team in India.

(B) Mr. Brewer left at 7 o'clock.

(C) For the new product range.

営業時間外の顧客からの問い合わせには誰が対処しますか。

(A) インドにチームがあります。

(B) Brewer さんは7時に出ました。

(C) 新しい取扱製品用です。

「営業時間外の問い合わせに誰が対処するか」という問いかけに対して「インドにチームがある」、つまり「インドのチームが対処する」と答えた(A)が正解。(B)は疑問詞をwhenと聞き間違ったときに選びがちな誤答。(C)はcustomer inquiriesから、問い合わせ内容がnew product rangeに関するものではないかと連想させる引っかけ。

Part 3 会話問題 **39問** （各3問×13セット）（目標正解数 27問）

会話を聞いた後、その内容について3つの設問が出題されるので適切な答えを選びます。図表を伴う問題もあります。設問は音声でも流れます。

PART 3

Directions: You will hear some conversations between two or more people. You will be asked to answer three questions about what the speakers say in each conversation. Select the best response to each question and mark the letter (A), (B), (C), or (D) on your answer sheet. The conversations will not be printed in your test book and will be spoken only one time.

- ●会話の音声を聞き、問題用紙の設問と選択肢を読み、最も適切なものを選ぶ問題。
- ●2〜3人の会話。
- ●会話文は問題用紙に書かれておらず、会話と設問は1度だけ読まれる。
- ●会話文1つにつき3問あり、選択肢は4つ。

サンプル問題　音声を聞いて、最も適切な選択肢を選びましょう。🎧004 （3問めは省略）

3. What does the woman want to do?

   (A) Extend her stay

   (B) Change her room

   (C) Collect some amenities

   (D) Take a taxi　　　　　　　　Ⓐ Ⓑ Ⓒ Ⓓ

4. Why does the man apologize?

   (A) He cannot give a discount.

   (B) A room is unavailable.

   (C) The temperature is too high.

   (D) Some charges have increased.　　Ⓐ Ⓑ Ⓒ Ⓓ

こんな問題が出る！

●どんな会話？

1.5〜3往復（1つの会話は30秒〜45秒くらい）。一人の人の発言が長かったり、発言が短いがやりとりが多い会話もある。

お店の人と客の会話、オフィス内の会話や仕事相手との会話、交通機関や病院など公共の場での会話など。「グラフィック問題」と呼ばれる、図表と会話を関連づけて解く問題も出題される。

図表の例：list（リスト）、schedule（予定表）、map（地図）、coupon（クーポン）など。

●よく出る設問

What is the conversation **mainly about**?　（主に何についての会話ですか）

Who most likely is the man?　（男性はおそらく誰ですか＝職業を聞いている）

Where does this conversation most likely **take place**?　（おそらくどこでこの会話が行われていますか）

What will the woman **do next**?　（女性は次に何をしますか）

What does the woman **mean when** she **says**, "......"　（女性はどういう意味で、「〜」と言っているのでしょうか）

◎解き方のポイント

1. 時間制限を守る

リーディングセクションは、時間配分を守ることが大事です（コラムp.153参照）。Part 5に使える時間は10分。全部で30問あるので、1問あたり20秒で解く必要があります。

2. 問題タイプを判断する

まず最初に選択肢を見てください。語彙問題か文法問題か、読んで解く問題か読まずに解く問題かを判断し、5秒で解ける問題は解く、わからない語彙問題は捨てるなど、素早く判断する必要があります。（詳しくはコラムp.66, 67参照）

3. 文法がカギ

30問のうち、語彙と文法はランダムに出題されます。文法問題は基礎的な問題が繰り返し出題されるのに対し、語彙問題は後半にいくにしたがって難易度が上がります。どのレベルを目指す人も、まずは文法問題を落とさないようにすることが肝心です。（詳しくはコラムp.152参照）

サンプル問題の解答解説

7. ▶ 正解 ▶ **(C)**

(A) contribute「貢献する」の現在分詞

(B) contribute の過去分詞

(C) 貢献

(D) 貢献［寄付］した人

> Narissa Thaksin は Wooner Clothing において、記録的な成長に貢献した彼女の営業チームに感謝した。

所有格 their と前置詞 to の間に空所があるので、この位置に入れるのは名詞。よって (C) contributions か (D) contributors が空所に入る。空所の後ろに to a record year of growth が続くので、「記録的な成長に貢献した」という意味になる (C) が正解。

Part 6　長文穴埋め問題　16問　（各4問×4セット）（目標正解数　8問）

4か所空所がある不完全な文書を完成させる問題です。語彙、文法力に加え、文書の流れをつかむ読解力が問われます。

- 単語、語句、文が部分的に抜けた文書を読み、下にある選択肢から適切なものを選んで、文を完成させる。
- 選択肢は4つ。1つの文書に対して空所は4か所。

サンプル問題　英文の空所に入る最も適切な選択肢を選びましょう。

Questions 8-9 refer to the following advertisement.

Ruganno's Italian Restaurant in Hemsworth will begin holding monthly cooking classes ------- by its **8.** renowned chef, Alberto Ruganno.

Come and learn how to make for yourself one of Chef Ruganno's signature dishes. -------. The classes, **9.** reasonably-priced at $47.50 per person, include all tuition and ingrediants （以下略）

8. (A) are leading
   (B) leading
   (C) led
   (D) are led　　　Ⓐ Ⓑ Ⓒ Ⓓ

9. (A) All the plates are dishwasher-friendly.
   (B) He was born and raised in south-east of Italy.
   (C) This month it's wild mushroom cream linguine.
   (D) The restaurant serves lunch everyday from 11:00 A.M.　　　Ⓐ Ⓑ Ⓒ Ⓓ

こんな問題が出る！

長文の長さは100ワード前後（90〜150語くらい）。

● **長文穴埋め問題　3つのタイプ**

①**語彙問題：**　4つの語彙が選択肢として並んでいます。主に、文中に入れて意味が通じるかどうかで答えを選びます。また、語法（使われ方）が問われる問題もあります。

②**文法問題：**　共通のつづりを持つ単語が並んでいる「品詞」やサンプル問題のような「動詞の形」問題、代名詞や数量形容詞などの文法の問題があります。文法的に空所に入る可能性のあるものを選びます。

③**文選択問題：**選択肢が語句ではなく文のタイプです。文章の流れを読み取る力が試されます。

【Part 5との違い】文の長さだけではなく、1文だけ読めば解ける「独立型」と、空所の文以外にヒントがある「文脈型」の2タイプがあります。

◎解き方のポイント

1. 時間制限を守る

リーディングセクションは、時間配分を守ることが大事です（コラム p. 153参照）。Part 6に使える時間は10分。Part 7のための時間を使いすぎないようにしましょう。

2. 文脈型問題に注意

語彙問題、文法問題（時制）は、文脈型の可能性があります。つまり、空所を含む文を読んでも解答が一つに絞れません。その場合は素早く確実に、空所周辺で時制や語彙のヒントを探してください。一方で、品詞問題や前置詞は独立型です。優先して解きましょう。

3. 文選択問題

合計4問の文選択問題ですが、この問題は読解力が必要です。10分の制限時間が守れそうにない場合、初心者は残った問題を解かずにマークする「塗り絵」をするのも作戦の一つです。独立型の問題（品詞や前置詞）や、文法問題（時制は文脈型もあり）を優先して解きましょう。

サンプル問題の解答解説

Hemsworth の Ruganno's イタリアンレストランは、レストランの有名シェフである Alberto Ruganno が指導をする、月に1度の料理教室を開催します。

Ruganno シェフの特別料理のうちの一品を自分で作る方法を学びに来てください。＊今月はワイルドマッシュルームのクリームリングイネです。お一人様47.50ドルという受講しやすい価格のクラスには、授業料と材料が含まれます。

8. 正解 (C)

(A) lead の現在進行形

(B) lead の現在分詞

(C) lead の過去形、過去分詞

(D) lead の受身形

空所を含む文にすでに動詞 will begin があるので、準動詞（不定詞や分詞や動名詞）が入る。空所の位置には後ろから cooking classes を修飾する分詞が入ると判断できる。クラスは有名なシェフによって開催されるので、動作の受け手。よって過去分詞である (C) led が正解。

9. 正解 (C)

(A) すべての皿が食洗機で洗えます。

(B) 彼はイタリア南東部で生まれ育ちました。

(C) 今月はワイルドマッシュルームのクリームリングイネです。

(D) レストランは毎日午前11時よりランチを提供しています。

空所の前に「Ruganno シェフの特別料理のうちの一品を自分で作る方法を学びに来てください」と述べられていること、また1段落目にある monthly cooking classes からの話の流れで、(C) が正解。signature dishes は「特別料理、オリジナル料理」の意味。

いろいろな形式の文書を読み、内容についての設問に対し、適切な答えを選びます。文書が1つの問題と2〜3の文書の問題があり、複数の文書の内容を関連づけて解く問題もあります。

PART 7

Directions: In this part you will read a selection of texts, such as magazine and newspaper articles, e-mails, and instant messages. Each text or set of texts is followed by several questions. Select the best answer for each question and mark the letter (A), (B), (C), or (D) on your answer sheet.

- 雑誌や新聞記事、メール、インスタントメッセージなどさまざまな文書を読み、いくつかの問題に答える。
- 選択肢は4つ。

サンプル問題　英文を読んで、最も適切な選択肢を選びましょう。

Questions 10-11 refer to the following flyer.

The 5th MUSIC IN THE SQUARE

July 3-4, 1:00 P.M. — 4:00 P.M.
In aid of Water for the World
A weekend of classical music concerts in Market Square

July 3 (Sat)

Concert Tent A
Piano and oboe performances by students and teachers from St. John's College

Concert Tent B
A violin recital by the world-renowned Pierre Harold

July 4 (Sun)

Concert Tent A
A string quartet from Perth Philharmonic Orchestra plays 18th century music

Concert Tent B
Perth City Youth Choir sings an arrangement of popular opera numbers.

Tickets costing $7.50 allow you entry to the square, where you can enjoy superb performances in either tent. A two-day ticket costs $12. All proceeds go to Water for the World, a charity helping to bring clean water to remote communities worldwide. Donate $5 by texting SQUARE to 50432.

---

10. Why will the concert be held?

(A) To mark a city anniversary

(B) To raise money for charity

(C) To promote a new facility

(D) To celebrate a graduating class

Ⓐ Ⓑ Ⓒ Ⓓ

11. How much will it cost to be able to view all the performances?

(A) $5

(B) $7.50

(C) $12

(D) $17

Ⓐ Ⓑ Ⓒ Ⓓ

（訳と解答解説はp. 26）➡

アビメの項目を知ろう

項目別正答率に記されている各項目について、詳しく見ていきましょう。

リスニング

L1	Part 1, 2	短い会話、アナウンス、ナレーションなどの中で明確に述べられている情報をもとに要点、目的、基本的な文脈を推測できる
	☑ Part 1の写真問題で写真から推測が必要な問題、またはPart 2で間接的な応答。1回のテストで15問または16問。	
L2	Part 3, 4	長めの会話、アナウンス、ナレーションなどの中で明確に述べられている情報をもとに要点、目的、基本的な文脈を推測できる
	☑ Part 3, 4の「全体を問う」問題。3問セットのうち1問目に多い。23問程度。	
L3	Part 1, 2	短い会話、アナウンス、ナレーションなどにおいて詳細が理解できる
	☑ Part 1の写真問題で位置関係を表すなど、見た目がそのまま正解になる問題。Part 2で、直接的に応答に答える問題。15問または16問。	
L4	Part 3, 4	長めの会話、アナウンス、ナレーションなどの中で明確に述べられている情報をもとに要点、目的、基本的な文脈を推測できる
	☑ 「詳細を問う」問題。3問セットのうち、主に2〜3問目にある。46問程度。	
L5	Part 2, 3, 4	フレーズや文から話し手の目的や暗示されている意味が理解できる
	☑ Part 2の間接的な応答。Part 3, 4での意図問題。15問程度。	

・1問が重複して2項目にまたがる問題があるため、足して100にはなりません。110程度が多いようです。

リーディング

R1	Part 7	文書の中の情報をもとに推測できる
	☑ 文書の内容から推測して解答する問題。およそ25問程度。	
R2	Part 7	文書の中の具体的な情報を見つけて理解できる
	☑ ピンポイントに情報を見つける問題。およそ20問程度。	
R3	Part 7	ひとつの文書の中でまたは複数の文書間で散りばめられた情報を関連付けることができる
	☑ 情報が散らばっている問題→例えばDP、TPの2文書型の問題。SPで散らばった複数の箇所をヒントに情報を集めて解く問題。Part 5, 6の文脈型の問題。およそ30問程度。	
R4	Part 5, 6, 7	語彙の意味・用法が理解できる
	☑ Part 5, 6の語彙問題。Part 7の同義語問題。およそ25問程度。	
R5	Part 5, 6	文法が理解できる
	☑ Part 5, 6の文法問題。およそ25問程度。	

・1問が重複して2項目にまたがる問題があるため、足して100にはなりません。110程度が多いようです。
・受験する回によって、それぞれの項目の問題数は多少ばらつきがあります。

【項目別正答率のグラフにある黒い三角形の横の数字は？】

黒い三角形の横の数字は、同じテストフォームを受験した人の平均正答率です。受験する回によってフォームが違いますし、同じ日に受験しても、会場によってフォームが違う可能性があります。ただし、同じ日に受験して、この数字が10個全部同じであれば、同じフォームを受験した可能性が高いです。

ABILITIES MEASURED	PERCENT CORRECT OF ABILITIES MEASURED
	Your percentage 0%　　　　100% ▲ Average
短い会話、アナウンス、ナレーションなどの中で明確に述べられている情報をもとに要点、目的、基本的な文脈を推測できる	87 0%　　　　100% ▲69

▲印は公開テストにのみ記載されます。

解答解説の前のページにある正解一覧のページにあなたの答えを書き、問題タイプ別に正答率のグラフを作成しましょう。弱点と勉強法がわかります。以下は実際のアビメをもとにしたグラフです。一番近い形のものを参考にしましょう。

●リスニングセクション

① 山型 　L3 が高めで L1、L5 が低い

 Part 2 の「間接的な応答」が苦手なタイプです。
場面を想像する力が弱いようです。

リスニングのスコア

L305

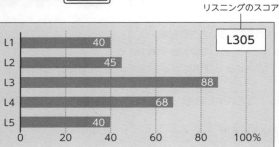

L1	40
L2	45
L3	88
L4	68
L5	40

L1 短い文・会話の要点・推測
L2 長めの会話・説明文の要点・推測
L3 短い文・会話の詳細理解
L4 長めの会話・説明文の詳細理解
L5 フレーズや文から暗示される意味の理解

"What time is your meeting?"「会議は何時からですか」という問いに、"It'll be OK, I'll make it."「大丈夫、間に合います」という返答は、正解として成り立つでしょうか。

間接的な応答が苦手な方に聞くと、「他の2つの選択肢を聞いてから消去法で考える」「正解として成り立たない」という返答が目立ちます。実はこの会話、場合によっては成り立ちます。

◆ケース1：同僚同士がランチに出かけます。Aさんが午後に会議に出るのをBさんは知っています。頼んだランチがくるのが遅かったとき、AさんがBさんを心配して「会議は何時からですか」Bさんが「大丈夫、間に合います」➡成り立ちます。

◆ケース2：社内の会議室を借りに行ったとしましょう。Aさんは会議室を借りたい人、Bさんは会議室予約の担当者です。Bさん「会議は何時からですか」Aさん「大丈夫、間に合います」➡成り立ちません。

このように、ある一定の状況においてのみ成り立つ会話を「状況依存型」と呼びます。山型タイプの方は、この「状況依存型」を苦手としています。3つの選択肢を聞いた後に「あれ、答えがない」と思いがちです。つまり、ストレートな返答しか想定していないため、正解を正解として認識できていないのです。

山型タイプの改善方法

Part 2は「瞬発力」と「集中力」、そして「場面を想像する力」が必要です。特に、間接的な応答が苦手な人は「場面を想像する力」を鍛えましょう。そのためには、「こんな返答も会話として成り立つのか」という気づきの引き出しを増やすことが必要です。問いかけ文と「正解の選択肢」を繰り返し音読して引き出しを増やしてください。このときに大事なのは次の3つのポイントです。

1. 問いかけ文と正解の選択肢をセットで音読する（不正解の選択肢は省く）
2. 知らない表現は調べ、その都度覚える（例えば、make it が「間に合う」の意味など）
3. 音声を必ず使う（音声を出し、一旦止めてから真似て音読する）

このトレーニングは、「音は聞き取れないけれど、スクリプトを読めば正解を選べる」という学習者にも有効です。自分が思い込んでいる音と実際の音のズレを修正することで、音と文字を一致させましょう。（復習用にPart 2の問いかけと正解の組み合わせ音声もダウンロードできます）

❷ フラッグ型  R5を除き、R1、R2が高い 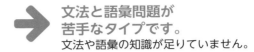 文法と語彙問題が
苦手なタイプです。
文法や語彙の知識が足りていません。

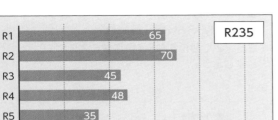

R1 文書の内容をもとに文脈を推測
R2 文書の詳細情報を理解
R3 1つまたは複数の文書の情報を関連付ける
R4 語彙の意味・用法
R5 文法

R1やR2はできているのに、R3以下がへこんでいるタイプです。R3がへこんでいる人は、Part6の「文脈型」の問題と、Part 7で「散らばった情報を紐づけて判断する問題」が苦手です。R4は語彙、R5は文法です。ここがへこんでいる人は、文法や語彙の知識が足りません。フラッグ型も、R5がへこんでいるかいないかで、2タイプに分かれます。

フラッグ型の改善方法
ほとんどTOEICの学習をしていない方に多いパターン。まずは、「TOEICに絞った」対策をしましょう。

◎ R5もへこんでいるフラッグ型の場合
長文読解はなんとか正答できるけれど、文法や語彙が苦手というタイプです。このタイプは、まず先に文法をやりましょう。コラムのp. 152で、文法をまずやるべき理由を読んでください。その上で、142ページの文法の参考書の選び方などを参考に、文法のトレーニングをしましょう。その後、以下の「R3、R4がへこんでいるフラッグ型」のトレーニングに進みましょう。

◎ R5はへこんでおらず、R3、R4がへこんでいるフラッグ型の場合
文法のトレーニングはある程度やっているけれど、単語が苦手、長文読解の「ヒントが散らばった問題」が苦手なタイプです。R3、R4がへこんでいるこのフラッグ型は「情報を判断しながら読むのが苦手」とも言えます。

単語に関しては、p. 143に「単語の覚え方」のコラムを書いていますので参照ください。「R4が伸びない」と悩む人が多いのですが、「英語の単語と日本語の意味を1対1で覚える」という覚え方から抜け出せないうちは、R4は伸びていきません。TOEICの語彙問題は「文の中に入れて文意が通るものを選ぶ」という出題形式だからです。覚えた単語は、文中のコロケーション（文脈）を確認するのが大事です。具体的には、例えば単語帳で覚えた単語がPart 7で出てきた場合、前後の文脈や使われ方を必ず確認しましょう。何度も文脈ごと確認することで、R4もだんだん伸びていきます。

R3が苦手な方は「情報が足りていないことに気づく力」が欠けています。Part 6の文脈型の問題と、Part 7の2文書型の問題で、1つの文書を読んだだけでは「ヒントが欠けていて、答えが1つに決まらない」ということに気づけていないのです。Part 6の文脈型問題、Part 7の2文書型問題の出題形式をもう一度確認しましょう。

❸ ボックス型 凸凹が少ないタイプ

➡ ●R200点以下の場合
リーディングが苦手なタイプ
英語の基礎力が足りないようです。

●R400点以上の場合
細部の詰めが甘いタイプ
さらに上を目指すなら、小さなミスをなくしましょう。

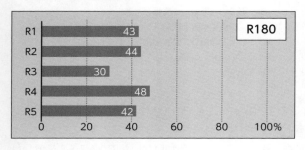

R1 文書の内容をもとに文脈を推測
R2 文書の詳細情報を理解
R3 １つまたは複数の文書の情報を関連付ける
R4 語彙の意味・用法
R5 文法

ボックス型は、フラットに全体が同じ程度の正答率で並んでいるタイプ。このタイプは、「スコアが低い（リーディングスコアが200程度以下）」と、「スコアが高い（400程度以上）」の２つに分かれます。

ボックス型の改善方法

◎ スコアが低いボックス型（リーディングスコアが200程度以下）

とにかく英語の基礎力が足りていません。まずは文法から取り組みましょう。コラムのp. 152で文法をまずやるべき理由を読んでください。その上で、「文法の参考書の選び方」（p. 142）などを参考に、文法のトレーニングをしましょう。

また、R4が50％に到達していない人は基礎的な語彙力が足りていません。TOEICに特化した語彙のトレーニングをしましょう。TOEICは「ビジネス英語」が出題されます。「ビジネスに必要な単語」を知らないことで、読解に時間がかかったり、言い換えに気づけずに正解を選べなかったりするのが、R1-R3が低い原因の１つです。

語彙や文法が伸びたら「長靴型」になります。次は長靴型のトレーニングをしましょう。

◎ スコアが高いボックス型（リーディングスコアが400程度以上）

400程度以上と書きましたが、ボックス型で高めのスコアの方は、おそらくR430以上だと思います。つまり、不得意なパートが特になく全体に正答数が高めな方です。このタイプの方がさらに上を目指すには、リスニングのボックス型と同じで、「小さなミスをしない」のが大事です。

1. 文法で穴を作らない

R5は100％正解を目指しましょう。文法のルールを覚えたら、「根拠を考えながら解く」ことを徹底しましょう。また、模試で間違った問題は「ルールを覚えていない」のか、「読み間違った」のか、間違った理由を分析して同じミスを繰り返さないようにしましょう。

2. Part 7も「根拠を考えながら解く」癖をつける

解かずにマークする塗り絵もだんだん減ってきて、ここからは「設問で問われていることを正確に理解し、根拠を全て探した上で解答する」というフェーズに入ってきます。「なんとなく選ぶ」という解き方はもう通用しません。精読のトレーニングを通して「正確に読む力」をつけるとともに、「設問の読み間違い」「選択肢の読み間違い」をなくしていきましょう。そのためには、間違った問題の「間違った理由」を分析してください。そして、Part 7のロジックを身につけていきましょう。

❹ ピノキオ型 R1、R2、R3 の 3 つを比べたときに、R2 のみが高い 読解のピンポイントな理解は得意なタイプ
精読力が足りません。

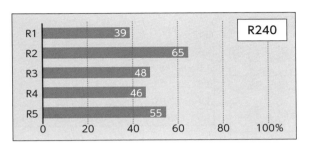

R240

R1 文書の内容をもとに文脈を推測
R2 文書の詳細情報を理解
R3 1 つまたは複数の文書の情報を関連付ける
R4 語彙の意味・用法
R5 文法

R2だけが目立って高いタイプです。R2は「文書の詳細情報を理解する力」なので、Part 7の読解問題で、設問を読んでピンポイントに答えを探して解答することはできています。初心者に多いタイプです。
R5の文法ができているか、できていないかでタイプが分かれます。

ピノキオ型の改善方法

◎ R5 が低いピノキオ型

とにかく英語の基礎力が足りていません。まずは文法から取り組みましょう。コラムのp. 152で、最初に文法をやるべき理由を読んでください。その上で、「文法の参考書の選び方」(p. 142)などを参考に、文法のトレーニングをしましょう。
R5が伸びてきたら、読解の練習をするとよいと思います。読解の練習は、問題を解いてあっていた、間違っていたと一喜一憂するのではなく、文書そのものを正確に読む練習をしましょう。p. 81のコラムを参考に、精読のトレーニングをしましょう。

◎ R5 が高いピノキオ型

ピノキオ型の中でも、文法はある程度できているタイプです。他の項目に比べ、R2とR5が高い数字になっています。このタイプは、もし文法がまだ完璧でなければ、まずは文法学習をやりましょう。80%できているからいいや、というのではなく文法は100%を目指してください。「文法の参考書の選び方」(p. 142)などを参考に、文法のトレーニングをしましょう。また、「根拠を持って解く」こともとても大切です。
Part 7の読解問題のうち、情報が散らばっていたり、文書の内容を精査して解く問題が苦手です。勝手な解釈で文書を読み、不正解の選択肢に引っかかっています。問題を解くテクニックというよりも、まずは文書の内容を正確に読む練習をしましょう。p. 81のコラムを参考に、精読のトレーニングをしてください。

あなたの解答を記入し、正解したら印をつけるか、色を塗りましょう。（P.8参照）　　受験日：　　　　年　　　月　　　日

Part	番号	正解	あなたの答え	問題タイプ					正解必須問題
Part 1	1	B		L1					✿
	2	C				L3			✿
／3問	3	A				L3			✿
Part 2	4	C				L3			✿
	5	B				L3			
／11問	6	B		L1				L5	
	7	A				L3			✿
	8	A		L1				L5	
	9	C				L3			✿
	10	C		L1				L5	
	11	B		L1				L5	
	12	A		L1				L5	✿
	13	C				L3			
	14	A		L1				L5	
Part 3	15	B			L2				✿
	16	D					L4		
／21問	17	A					L4		✿
	18	B			L2				
	19	B					L4		
	20	C					L4		
	21	B			L2				✿
	22	D					L4		
	23	B					L4		✿
	24	C			L2				
	25	D					L4		
	26	C					L4		
	27	A			L2				
	28	C					L4		
	29	B					L4		
	30	B			L2				
	31	A			L2			L5	
	32	D					L4		
	33	A			L2				
	34	C					L4		
	35	D					L4		
Part 4	36	A			L2				
	37	C					L4		
／15問	38	B					L4		
	39	B			L2				
	40	A					L4		
	41	B					L4		
	42	D			L2				
	43	C			L2				
	44	D					L4		
	45	D					L4		
	46	C					L4	L5	
	47	C					L4		
	48	D					L4		
	49	B					L4		
	50	B					L4		

正答数合計 | | | | | |

問題タイプ

L1：短い文・会話の要点・推測
L2：長めの会話・説明文の要点・推測
L3：短い文・会話の詳細理解
L4：長めの会話・説明文の詳細理解
L5：フレーズや文から暗示される意味の理解

Memo

全体正答数	／**50**
参考スコア*	

＊P.214参照

	L1	L2	L3	L4	L5
A. 問題合計	7	12	7	24	8
B. 正答合計					
C. 正答率（B／A）	%	%	%	%	%

下のグラフに自分の正答率を書き入れましょう。

項目別正答率

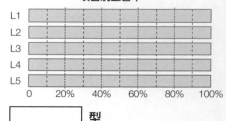

型

＊アビメ占いのページで、自分のタイプを把握しましょう。（P.32-36参照）

あなたの解答を記入し、正解したら印をつけるか、色を塗りましょう。(P.8参照)　　受験日：　　　年　　月　　日

	No.	正解	あなたの答え	問題タイプ					正解必須問題
Part 5	51	C						R5	★
	52	D					R4		★
/16問	53	B						R5	★
	54	A					R4		★
	55	B						R5	★
	56	B					R4		
	57	B						R5	
	58	D					R4		
	59	C						R5	★
	60	C					R4		
	61	D					R4		
	62	D						R5	
	63	D					R4		
	64	C						R5	
	65	D						R5	
	66	B						R5	★
Part 6	67	C				R3	R4		
	68	C						R5	
/8問	69	C				R3			
	70	B				R3	R4		
	71	B				R3			★
	72	C				R3	R4		
	73	A						R5	★
	74	C						R5	★
Part 7	75	B		R1					★
	76	D			R2				★
/26問	77	C		R1					
	78	D			R2				★
	79	B			R2				
	80	A		R1					★
	81	A			R2				★
	82	C			R2				★
	83	B		R1					★
	84	D			R2				
	85	A			R2				
	86	C			R2				★
	87	D		R1					
	88	A		R1					
	89	B		R1		R3			
	90	A			R2				
	91	C			R2				
	92	D					R4		
	93	B			R2				
	94	A				R3			
	95	D				R3			
	96	D			R2				
	97	A					R4		
	98	B			R2				
	99	D				R3			
	100	C				R3			

正答数合計

問題タイプ

R1：文書の内容をもとに文脈を推測
R2：文書の詳細情報を理解
R3：1つまたは複数の文書の情報を関連付ける
R4：語彙の意味・用法
R5：文法

Memo

全体正答数	/50
参考スコア*	

＊P.215参照

	R1	R2	R3	R4	R5
A. 問題合計	7	13	10	12	12
B. 正答合計					
C. 正答率 (B/A)	%	%	%	%	%

下のグラフに自分の正答率を書き入れましょう。

項目別正答率

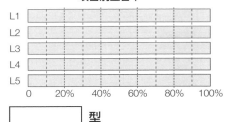

L1　L2　L3　L4　L5
0　20%　40%　60%　80%　100%

［　　　　］型

＊アビメ占いのページで、自分のタイプを把握しましょう。(P.36-39参照)

1. 🎧007 🇺🇸 W　　正解 ▶ **B** [L1] ✿

- (A) He's checking some railings.
- (B) He's taking some pictures outdoors.
- (C) He's choosing a camera.
- (D) He's waving to someone in the distance.

(A) 彼は手すりを確認している。
(B) 彼は屋外で写真を撮っている。
(C) 彼はカメラを選んでいる。
(D) 彼は遠方の誰かに手を振っている。

カメラを手に持っているので写真を撮っていると判断し、(B) が正解。
誤答 (A) の railing（手すり）は Part 1の頻出語だが、手すりを確認する動作をしていないので不正解。camera は手に持っているが、(カメラ店などで) 選んでいるわけではないので、(C) は不正解。wave（手を振る）という動作もしていないので、(D) も不正解。

□ railing 图 手すり
□ outdoors 副 屋外で
□ wave 動 手を振る
□ in the distance 遠方に

ポイント　一人の写真は人の動作が焦点
人が写っている写真では、人の動作をまず確認しよう。英文では動詞をしっかり聞き取ることが大切。また、人の周りにあるものを確認するのも忘れないようにしよう。

2. 🎧008 🇦🇺 M　　正解 ▶ **C** [L3] ✿

- (A) All of the lights are on.
- (B) Some pillows are arranged on the sofa.
- (C) There is a table near the sofa.
- (D) The bed is next to the window.

(A) すべての照明がついている。
(B) クッションがソファに置かれている。
(C) ソファの近くにテーブルがある。
(D) ベッドが窓の隣にある。

ソファの前に丸いテーブルがあるので、(C) が正解。テーブル、ソファ、照明など写真に写っているものの位置関係に注意して聞く。
誤答 すべての照明器具がついているわけではないので、(A) は不正解。ソファの上にクッションはない。next to は「～の隣に」なので、窓の隣にベッドがなければ不正解。

□ light 图 照明器具
□ pillow 图 クッション、枕
□ arrange 動 並べる、配置する
□ next to ～の隣に

ポイント　人が写っていなかったら物の位置関係を見る
人が写っていない写真では、物の位置関係がポイント。また、人が主語の問題は不正解だと判断できる。

3. 🎧009 🇺🇸 W　　正解 ▶ **A** [L3] ✿

- (A) A conference room is full of people.
- (B) The curtains are being opened.
- (C) Chairs have been put in a line.
- (D) Some people are on a stage.

(A) 会議室は人でいっぱいだ。
(B) カーテンが開けられているところだ。
(C) 椅子が一列に並んでいる。
(D) ステージに上がっている人たちもいる。

大会議室にたくさんの人が座っている写真なので、(A) が正解。
誤答 カーテンは閉まっているので、(B) は不正解。椅子は写っているが一列には並んでいない。また、人も大勢写っているが、ステージに上がっている人はいない。

□ conference room 会議室
□ curtain 图 カーテン
□ put ... in a line …を一列に並べる

ポイント　受け身の進行形に注意
The curtains are being opened. は受け身の進行形なので、人が写っていて現在カーテンを開けている写真でないと不正解。

解答のヒント　　写真問題のポイントはこの３つだけ！

Part 1の写真問題を解くうえで注意が必要なのはこの3つです。

(1) 日常語

日常生活に登場する単語を確認しておきましょう。railing（てすり）やladder（はしご）、podium（演台）などの他、pot（紅茶のポット、深鍋、植木鉢）、platform（駅のプラットフォーム、棚状の壇になったもの、演壇）のように1つの単語が複数の意味で登場するものもあります。また、lean against（寄りかかる）やpour（液体などを注ぐ）など、動詞の日常語もチェックしておきましょう。

(2) 上位語

Part 1の写真問題は「写真を正しく描写したものが正解」なので、難易度を上げるために「上位語」が正解の選択肢で出題されます。**「上位語」とは、より上の概念を表す言葉**です。例えば、appleやbananaの上位語はfruit、さらに上位語はfoodです。vehicle（車）は最もよく登場する上位語。バスもタクシーも乗用車も、vehicleで言い換えられます。appliance（電化製品）やequipment（器具、設備）、machine（機械全般）も頻出の上位語です。こちらも事前に確認しておきましょう。

(3) 時制

現在写真に写っている物を描写するので、未来形や過去形は出題されません。ただし、「受身の進行形」と「現在完了形」には注意が必要です。

1. A woman is arranging some chairs in a meeting room.
   （女性が会議室で椅子を並べている）
2. Some chairs are arranged in a meeting room.
   （会議室に椅子が並べられている…並んでいる状態）
3. Some chairs are being arranged in a meeting room.
   （会議室で椅子が並べられているところだ）
4. Some chairs have been arranged in a meeting room.
   （会議室に椅子が並べられた…だから現在並んでいる）

1は**進行形**なので、人が写っていて、女性が会議室に椅子を並べている最中の写真が正解です。
2は**受動態**で、会議室に椅子が並んでいる状態の写真が正解。
3は**受動態の進行形**なので、人が今その動作を行っていなければならない、つまり1と同じ写真が正解。
4は**現在完了形**で、2と同じ写真が正解。

3と4の2つは音が似ているのがポイントです。音は似ているのに状況を表す写真が異なるので、「受身の進行形」と「現在完了形」を聞き分ける練習が必要です。

4. 🎧011 🇦🇺 M ⇒ 🇺🇸 W 　正解 C　L3 ✱ 🔊

Where should I take this tax form?

☐ (A) This seat is taken.

☐ (B) I think so too.

☐ (C) To the Finance Department.

この税申告用紙はどこに持っていけばいいですか。

(A) この席は埋まっています。

(B) 私もそう思います。

(C) 経理部へ。

Where〜?「どこで」と尋ねているのがポイント。経理部だと答えている(C)が正解。誤答 問いかけ文のtakeと(A)のtakenは音が似ている引っかけ。Whereで聞かれていることに対して(B)は答えが噛み合わない。

☐ tax form　納税申告用紙

☐ seat is taken　席が空いていない

☐ I think so too.　私もそう思う。

☐ Finance Department　経理部

ポイント　文頭の疑問詞に意識を集中

文頭のWH疑問詞（Where/Who/When/What/Which/Why/How）をしっかり聞き取り、無関係な選択肢に惑わされないことが大事。

5. 🎧012 🇬🇧 W ⇒ 🇺🇸 W 　正解 B　L3 🔊

Did you know we won an environmental award?

☐ (A) They haven't been opened yet.

☐ (B) Yes, it was in the company newsletter.

☐ (C) No, I don't know him well.

私たちが環境賞をもらったことを知っていましたか。

(A) それらはまだ開けられていません。

(B) はい、社内報にありました。

(C) いいえ、彼をよく知りません。

「環境賞をもらったことを知っていたか」という問いかけに対して「はい、社内報にありました」と素直に答える(B)が正解。誤答 (C)はYes/No疑問文に対してNoで答えているが、No以下が問いかけに応答していないので不正解。質問文のknowは音ワナ引っ掛け。

☐ won　動 win「勝つ、受賞する」の過去形

☐ environmental award　環境賞

☐ company newsletter　社内報

ポイント　Yes/Noのあとが大事

Yes/No疑問文は答えの選択肢のYes/Noの後をしっかり聞き取ることが大事。Yes/Noの後の文が全く問いかけと噛み合ってない場合があるので要注意。

6. 🎧013 🇦🇺 M ⇒ 🇨🇦 M 　正解 B　L1+L5 🔊

When does this production run end?

☐ (A) He runs in the morning.

☐ (B) It's written on the factory schedule.

☐ (C) It's for an auto maker.

この生産工程はいつ終わりますか。

(A) 彼は朝走ります。

(B) 工場の予定表に書いてあります。

(C) 自動車メーカーのためです。

「生産工程がいつ終わるのか」という問いかけに対し、ストレートに終わる予定を言うのではなく「工場の予定表に書いてある」と答えた(B)が正解。問いかけ文のrunは「連続稼働時間」という名詞。誤答 (A)のrunは「走る」という動詞で、問いかけ文のrunと同じ音で引っかけているので注意。(C)は問いかけ文のproduction（製造）とauto maker（自動車メーカー）との想像を誘う引っかけ。

☐ production run　生産工程

☐ factory　名 工場

☐ auto maker　自動車メーカー

ポイント　予想通りの答えでないことがある

常にストレートな答えが正解とは限らない。間接的な応答に注意。

60.

正解 C R4

Any problems with the alarm system should be reported to the maintenance department -------.

- [ ] (A) currently
- [ ] (B) recently
- [ ] (C) promptly
- [ ] (D) busily

警報装置のいかなる警告も、早急に管理部に報告されなければならない。

文末にある空所に副詞を入れる問題。should be reportedを修飾しているので、「どんな風に報告されるのか」考えるとわかりやすい。promptly（即座に、早急に）が正解。
誤答 currently（現在）、recently（最近）、busily（忙しく）

- [ ] alarm system　警報装置
- [ ] report to　〜に報告する
- [ ] maintenance department　メンテナンス部

ポイント　promptlyの２つの意味を覚えておこう
promptlyは「即座に、早急に」の他にpromptly at 10:00 A.M.で「10時ちょうどに」のように、「時間ぴったりに」の意味で出題される場合もある。両方覚えておこう。

61.

正解 D R4

Liang Yin will be ------- to the marketing department, where his job will involve considerably more traveling.

- [ ] (A) considered
- [ ] (B) submitted
- [ ] (C) manufactured
- [ ] (D) transferred

Liang Yinは、以前よりかなり多くの出張を伴うマーケティング部へ異動する。

「Liang Yinはマーケティング部へ〜する」の意味に入る語彙を選ぶ。(D) transferredはbe transferred toで「〜に異動する、転勤する」の意味なので(D)を入れると文意が通る。よって(D)が正解。
誤答 (A)「〜を考えられた」、(B)「〜を提出された」、(C)「〜が製造された」は意味が通らない。

- [ ] marketing department　マーケティング部
- [ ] involve　動 含む、伴う
- [ ] considerably　副 かなり

ポイント　受動態であることにも注意
transferはここでは「〜を異動させる、転勤させる」という他動詞なので、主語が異動する側の時は必ず受動態であることに注意。

62.

正解 D R5 ✿

Jack Fenan of Al-Bhurat Architecture ------- presented their plans for the new marina complex in the competition.

- [ ] (A) convinces
- [ ] (B) convincing
- [ ] (C) convinced
- [ ] (D) convincingly

Al-Bhurat建築事務所のJack Fenanは、コンペにおいて、新しいマリーナ複合施設の計画を納得のいくように発表した。

Jack Fenan of Al-Bhurat Architectureが主語、presentedが動詞だとわかれば、主語と動詞の間に置いて動詞を修飾する副詞が入ると判断できる。よって副詞(D) convincinglyが正解。
誤答 (A) convincesは動詞なので、本動詞presentedがあるため使えない。

- [ ] architecture　名 建築
- [ ] present　動 発表する
- [ ] complex　名 複合施設
- [ ] competition　名 コンペ、競技会
- [ ] convincingly　副 納得がいくように

ポイント　品詞問題では接尾辞や語尾がヒント
この問題も、もしconvincinglyの意味がわからなくても、接尾辞（語尾）を見れば形容詞＋lyが副詞だと推測できる。

63.

正解 ▶ D　R4

As head of customer service, it is Ms. Cussink's responsibility to ------- that hotel guests have a trouble-free stay.

カスタマーサービスの長としてのCussinkさんの職務は、ホテルの宿泊客がトラブルなく滞在できるよう保証することです。

- ☐ (A) solve
- ☐ (B) consider
- ☐ (C) inform
- ☐ (D) ensure

「カスタマーサービスの長としてのCussinkさんの職務は、ホテルの宿泊客がトラブルなく滞在できるよう〜することです」という文意にあう語彙を選ぶ。(D) ensure（〜を確かにする、保証する）を入れると文意が通る。

誤答 (B) considerがthat節をとるときは「〜を考えに入れる」で、考えるだけで行動を伴わなければ「職責」と言えないので不正解。 (A) solve（解決する）は文意が通らない。(C) inform（知らせる）は目的語に人をとる。

- ☐ customer service　顧客サービス
- ☐ responsibility　图 責任
- ☐ trouble-free　形 トラブルがない
- ☐ stay　图 滞在

ポイント　thatは代名詞か接続詞か

ensure thatのthat以下はensureの目的語の役割をしている節。後ろにSVが続いているので、thatは接続詞。

64.

正解 ▶ C　R5

Nomass Couriers guarantees same-day delivery to ------ address in Greater London when the parcel is accepted by 9:00 A.M.

荷物を午前9時までに受け取ったときはNomass運送はグレーター・ロンドンのいかなる住所宛てでも即日配送を保証する。

- ☐ (A) such
- ☐ (B) all
- ☐ (C) any
- ☐ (D) both

選択肢を見て、**数量詞（数を表す形容詞）**が出題されているとまず気づくこと。数量詞は、修飾する名詞によってどれを使うかが決まる。空所の後ろはaddress（住所）で、これは可算名詞。可算名詞の単数形を修飾できるのは(C) anyなので、(C)が正解。

誤答 (A) suchはsuch an addressのように可算名詞の単数形には冠詞が必要。(B) allは可算名詞であれば複数形を修飾。(D) bothは空所より前に2つの住所を指す何らかの記述があり、both addresses（どちらの住所でも）であれば文法的に正しい場合がある。

- ☐ courier　图 (宅配便などの) 運送業者
- ☐ same-day delivery　即日配達
- ☐ parcel　图 荷物
- ☐ accept　動 受理する、受け入れる

ポイント　anyは意味によって、あとにくる名詞が複数形・単数形となる

「いくつかの」の意味のときは可算名詞の複数形を修飾する。　例：Do you have any questions?
ただし、「どんな〜でも」の意味のときは可算名詞の単数形を修飾する。この問題は「いかなる住所宛てでも」の意味なので、単数形を修飾。

💡 解答のヒント　　文法問題の解き方—1問20秒で解く

1問20秒で文法問題を解くには、解き方にコツがあります。

(1) まずは選択肢を見る

(2) 文法問題か語彙問題かを判断する

(3) 読んで解くか読まずに解くかを判断する

例えば66番の問題ですが

(1) まず4つの選択肢(A) reduction　(B) reduces　(C) reducing　(D) to reduceを見て「文法問題、品詞と動詞の形が混ざっている」と判断

(2) 空所の近くを見て、form B-11, which ------- tax liabilityまで読む

(3) whichが主格の関係代名詞だから後ろには動詞が必要

(4) 動詞として使えるのが(B)のみ

のように順番に考えると、20秒もかからずに解くことができます。

65. 　　　　　正解 ▶ **D**　R5

------- checking stock levels, Amarath Wholesalers accepted a large soft drinks order for the event, which was a mistake.

- ☐ (A) Although
- ☐ (B) However
- ☐ (C) While
- ☐ (D) Without

在庫の状況を確認することなしに、Amarath Wholesalers は、イベントのためのソフトドリンクの大口注文を受けたが、それは間違いだった。

選択肢を見て、「前置詞・接続詞の問題」だと気づくこと。 空所の後ろにはchecking stock levelsと動名詞を含む名詞句がある。つまり、ここに置くのは前置詞。選択肢の中に前置詞は(D) Withoutしかないので、(D)が正解。誤答 (A) Althoughと(C) Whileは接続詞で、節と節をつなぐ。(C) While ...ingの形で接続詞の後ろに分詞構文が来ることがあるが、「在庫の状況を確認する間」または「在庫の状況を確認する一方で」の意味になり、「イベントのための大口注文を受けた」と意味がつながらない。(B) Howeverは「けれども」の意味だと接続副詞。節をつなぐ機能はない。

☐ stock levels　在庫の状況
☐ wholesaler 图 卸売業者
☐ event 图 イベント

ポイント　前置詞・接続詞の問題は、空所の後ろがポイント

最初の部分が節になっていれば「SV＋接続詞＋SV」もしくは「SV, 接続詞＋SV」の形を取るので空所には接続詞が入る。名詞句が続いていたら空所が「前置詞＋名詞句, SV」または「SV＋前置詞＋名詞句」となるため、前置詞を選ぶ。

66. 　　　　　正解 ▶ **B**　R5　✿

All clients of Darwent Accounting are advised to use form B-11, which ------- tax liability in most cases.

- ☐ (A) reduction
- ☐ (B) reduces
- ☐ (C) reducing
- ☐ (D) to reduce

Darwent 会計事務所のすべての顧客は、ほとんどの場合で、課税を減らすB-11用紙を使うことを助言された。

空所の前にあるwhichの先行詞がform B-11で、whichは主格の関係代名詞なので空所の位置には動詞が入る。よって(B)が正解。
誤答 whichは「主格」の関係代名詞なので、whichの位置には先行詞form B-11が入り、元の文はform B-11 reduces tax liabilityのように、主語と動詞の関係だったと考える。(C) reducingは動名詞または分詞なので、whichの後ろに置くのは不正解。

☐ client 图 顧客
☐ accounting 图 会計
☐ advise 動 助言する
☐ tax liability　課税、納税
☐ reduce 動 減らす

ポイント　品詞問題は足りないパーツをまず埋める

空所の位置に動詞が足りないことに気づくために、関係代名詞whichの使い方を知っているかがポイント。

 解答のヒント　　語彙問題の解き方—1問20秒で解く

1問20秒で解くには語彙問題にもコツがあります。語彙問題の中でも、空所の近くだけを見ると解ける問題は、選択肢を見た瞬間にある程度見当がつけられます。

例えば65番の問題ですが

(1) まず4つの選択肢 (A) Although　(B) However　(C) While　(D) Withoutを見て「語彙のほか、品詞もバラバラだから前置詞接続詞問題」と判断

(2) 前置詞接続詞問題は、まず空所の後ろがSVか名詞句かチェック

(3) 後ろが名詞句だから前置詞を入れる

(4) 選択肢には前置詞が(D)しかない

のように考えると、こちらも20秒もかかりません。

Part 5は30問を10分で解くので、計算上は1問20秒で解く必要があります。ただ、このように文法や語彙を素早く解ける問題があれば、読まなければ解けない語彙問題に時間をまわすことができます。

Questions 67-70 refer to the following notice.

To the Users of Sarkway Parking Lot

Please be aware that from May 1, both hourly and daily parking rates will be increased by

10%. However, holders of Sarkway pre-paid cards will be -------
67.

Pre-paid cards allow drivers to ------- pay for parking at any Sarkway facility nationwide.
68.

They avoid the trouble of handing small change and can be recharged at the ticket

machines. And there's another benefit to paying with a Sarkway card. -------. These can
69.

be used to get money off your stays at Sarkway parking lots .

To apply for your pre-paid card, please take an application form from the box below this

notice. -------, ask one of Sarkway's parking attendants for assistance.
70.

問題67から70は次のお知らせに関するものです。

Sarkway 駐車場ご利用の皆様へ

5月1日より、1時間あたりと1日あたりの駐車料金が10%値上がりします。しかしながら、Sarkwayのプリペイドカードをお持ちの方は影響を受けません。

プリペイドカードで、運転者が全国のSarkwayの施設で駐車料金のお支払いが簡単になります。小銭を取り扱う煩わしさを避け、自動券売機で再度チャージすることもできます。さらに、Sarkwayカードで支払う利点があります。＊どの支払いにおいても、会員ポイントが貯まります。このポイントはSarkway駐車場での駐車の割引に使えます。

プリペイドカードのお申し込みは、このお知らせの下にある箱から申し込み用紙をお取りください。または、Sarkwayの駐車場担当係にサポートをご依頼ください。

67. 　　正解 ▶ **C** R3+R4

☐ (A) unavailable 　　　　☐ (B) uneven

☐ (C) unaffected 　　　　☐ (D) unbelievable

(A) 入手［利用］できない 　　　(B) 均等でない

(C) 影響されない 　　　　(D) 信じられない

However, holders of Sarkway pre-paid cards will be -------. の空所に入れる語彙問題。「カードの所有者は〜でしょう」に入る形容詞を選ぶ問題だが、この1文だけでは選択肢が一つに絞れない。空所の前の文は「駐車料金が値上がりする」という意味で、「カードの所有者は（この値上げの）影響を受けない」とすると文意が通る。よって(C) unaffected（影響を受けない）が正解。
誤答 (D) unavailableは人が主語のとき「予定が空いていない」の意味で使われる。

ポイント 「文脈型」の問題
Part 6の語彙問題は、「文脈型」と呼ばれるタイプの問題が出題される。空所を含む1文だけで選択肢を1つに絞れない場合、文脈型だと判断し、前後の文を読む必要がある。

68. 　　正解 **C** R5

☐ (A) easy ☐ (B) easier
☐ (C) easily ☐ (D) ease

(A) 易しい (B) easyの比較級
(C) 容易に (D) 容易さ、軽減する

品詞問題。空所を含む構文は **allow ＋人＋to do** で、to不定詞のtoと動詞の間に入れるものを選ぶ。to不定詞を修飾する副詞が入ると判断できるので、(C) が正解。

> **ポイント** 品詞問題は短い時間で解ける
>
> 品詞問題は、Part 6で出題されても必ず独立型（Part 5と同様に、1文だけ読めば解ける）なので、時間が足りなくなったときに優先的に解くとよい。

69. 　　正解 **C** R3

☐ (A) They can be found next to the exit barriers.
☐ (B) If you lose your card, you must inform Sarkway immediately.
☐ (C) Each transaction automatically collects member points.
☐ (D) Join thousands of other drivers to discover the convenience.

(A) 駐車ゲートの隣で見られます。
(B) カードを失くした場合は、Sarkwayにすぐにお知らせください。
(C) どの支払いにおいても、会員ポイントが貯まります。
(D) この利便性を知るために、何千人もの運転手の仲間になりましょう。

空所の後ろに These can be used to get money off your stays at Sarkway parking lots. という文がある。このThese が指すものが空所の文の中に含まれなければならない。また「駐車の割引に使える」という内容から、(C) を入れると These が指すものが「会員ポイント」だとわかり、文意が通る。

> **ポイント** 文選択問題
>
> 定冠詞や代名詞に注目。例えば (A) は They が指すものが空所よりも前に「読み手と書き手の共通認識」として示されていなければならない。選択肢に含まれる定冠詞や代名詞のほか、空所より後ろにある文の定冠詞や代名詞もヒントになる。

70. 　　正解 **B** R3+R4

☐ (A) Therefore ☐ (B) Alternatively
☐ (C) Fortunately ☐ (D) Consequently

(A) それゆえ (B) あるいは
(C) 幸運にも (D) その結果として

接続副詞は、空所前の文と空所後ろの節をつなぐ意味のものを選ぶ。「プリペイドカードのお申し込みは、このお知らせの下にある箱から申し込み用紙をお取りください。(　　　　)、Sarkwayの駐車場担当係にサポートをご依頼ください」この空所に入れて意味の通るものを選ぶ。(B) Alternatively（あるいは）を入れると文意が通る。

> **ポイント** 接続副詞
>
> 選択肢を見て、接続副詞の問題だとわかったら、まずは前の文と空所後ろの節を読む。その2つをつなぐ意味のものを選べば良いので、実は読む箇所は限られているのを覚えておこう。

☐ parking lot 駐車場 ☐ facility 图 設備 ☐ nationwide 厖 全国の ☐ benefit 图 利点 ☐ apply 動 申し込む
☐ parking attendants 駐車場担当係、駐車監視員 **69.** ☐ exit barriers 駐車ゲートの ☐ immediately 剾 ただちに
☐ transaction 图 取引 ☐ automatically 剾 自動的に ☐ join 動 参加する、加入する ☐ convenience 图 利便性
70. ☐ therefore 剾 それゆえ ☐ alternatively 剾 代わりに、あるいは ☐ fortunately 剾 幸運にも ☐ consequently 剾 結果として

💡 **解答のヒント　　文選択問題**

文選択問題のヒントは、定冠詞や副詞です。例えば、正解の選択肢に the event のように the があった場合、必ず空所の前にそのイベントに対する記述がないと英文として不自然です。また、also や too などの副詞があれば、空所の前の文に付け足す内容が書かれているはずです。However や Therefore などの接続副詞も、選択肢だけでなく後ろの文にある接続副詞も含めてヒントになります。例えば空所の後ろに However から始まる文がある場合、空所の位置にHowever 以下の節と逆説でつながる内容が入るはずです。

Questions 71-74 refer to the following e-mail.

From: cust.service@rostaca-beans.com
To: m.peloy39@humming-mail.com
Date: 2 April
Subject: Thanks!

Dear Ms. Peloy,

Thank you for your online purchase of Rostaca Premium coffee beans. -------. Your
package has an estimated delivery period of 6 to 8 April. For real-time updates on the
------- of your delivery, please log into your customer account at www.rostaca-beans.com.
72.
You can also find information on promotional campaigns on our Web site, ------- happen
73.
regularly.

Please note that we operate a strict return policy. If your package has been opened,
refunds or replacements will not be possible. However, if you receive a ------- item, please
74.
contact us at 555-1234 within seven days.

問題71から74は次のEメールに関するものです。

送信元: cust.service@rostaca-beans.com
送信先: m.peloy39@humming-mail.com
日付： 4月2日
件名： ありがとうございます

Peloy様

Rostaca Premiumのコーヒー豆をオンラインでお買い上げいただきありがとうございます。＊これはあなたのご注文の確認のEメールです。荷物の荷渡期日の予定は4月6日から8日です。配送のリアルタイムな経過の更新に関しては、www.rostaca-beans.comの顧客アカウントにログインしてください。ウェブサイトでは定期的に行っている販促キャンペーンの情報もご覧いただけます。
当社は厳しい返品規定を用いていることにご留意ください。もし荷物を開けた場合は、返金や交換はできません。しかしながら、もし損傷した商品を受け取られた場合は、555-1234に7日以内にご連絡ください。

71.　　　正解 ▶ **B**　R3 ✿

☐ (A) We offer the finest coffee beans in the state.

☐ (B) This e-mail is confirmation of your order.

☐ (C) Please read the instructions carefully before use.

☐ (D) Unfortunately, there was a problem with your payment.

(A) 当社はこの州で一番素晴らしいコーヒーを提供しています。

(B) これはあなたのご注文の確認のEメールです。

(C) ご利用の前に、取扱説明書を注意深くお読みください。

(D) 残念ながら、お支払いに問題がありました。

1文目で購入のお礼を述べ、空所の後ろには配送の期日が記載されている。「注文確認のEメールです」という文を入れると前後の文が繋がる。

ポイント	文選択問題

Part 6の文選択問題は、不正解の選択肢にも本文中に登場する単語が使われることが多く、選択肢だけを読んでも明らかな不正解が絞りきれない。空所の前後や、上記のようなEメールであれば差出人と受取人の関係などにも注意して読むこと。

72.　　正解 ▶ C　[R3+R4]

☐ (A) price　　　　　☐ (B) weight
☐ (C) progress　　　☐ (D) label

(A) 価格　　　　　(B) 重さ
(C) 経過　　　　　(D) ラベル

the ------- of your deliveryに入れる名詞を選ぶ問題。空所の前の文で配送予定日が4月6日から8日と書かれているので、配送の経過を確認するためにウェブサイトを見るのだと考えられる。
誤答 (A) priceも配送価格と考えると入りそうだが、語彙問題は文脈型の可能性がある場合、周りを読んで判断するのが重要。

ポイント　文脈型問題

Part 6の語彙問題は、1文だけ読めば解ける「独立型問題」と、周りを読まないと選択肢が絞れない「文脈型問題」がある。文脈型の可能性を考えよう。1文だけ読んで2つ以上の単語が入る場合は周りに必ずヒントがある。

73.　　正解 ▶ A　[R5] ✿

☐ (A) which　　　☐ (B) where
☐ (C) this　　　　☐ (D) what

（選択肢の訳は省略）

関係代名詞、代名詞から文法的に正しいものを選ぶ問題。空所の後ろにhappenという動詞があるので、主格の関係代名詞を入れると判断する。先行詞はcampaigns。
誤答 (C)でthis happenのように主語と動詞を揃える場合は、前の節 (SV) につなぐ接続詞が必要。また、主語がthisならhappensになるはず。

ポイント　関係代名詞、関係副詞

関係代名詞と代名詞が並んでいるので、用法を確認しながら解く。whereは関係副詞で、空所の後ろはSVが揃う。whatは先行詞を含む関係代名詞なので、Web siteが先行詞だと判断すると後ろに置けない。

74.　　正解 ▶ C　[R5] ✿

☐ (A) damage　　　☐ (B) damages
☐ (C) damaged　　☐ (D) damaging

(A) 損傷する　　　　　(B) 3単現のsがついた形
(C) 損傷を受けた　　　(D) 損害を与える

a ------- itemなので、itemを修飾する形容詞が入ると判断する。形容詞の見た目 (-ousや-fulで終わるなど) の単語がないときは、分詞を入れると考える。ここでは(C) damaged (D) damagingのいずれかだと判断し、「損傷した商品」となるように、過去分詞を入れる。ちなみにdamaged (損傷を受けた) もdamaging (損害を与える) も、分詞の見た目ではあるが、形容詞として辞書に載っている。

ポイント　形容詞の役割をする分詞

空所の前後を見て、まずは形容詞が必要と判断する。形容詞の見た目の単語がないときは、形容詞の役割をする分詞を入れてみる。

☐ online purchase　オンライン購入　☐ estimate　動 見積もる　☐ delivery period　配送期間　☐ real-time　形 リアルタイムの
☐ update　名 更新された情報　☐ log into an account　アカウントにログインする　☐ promotional campaign　販促キャンペーン
☐ regularly　副 定期的に　☐ Please note that ...　…ということにご留意ください (あらかじめご承知ください)　☐ strict　形 厳しい
☐ return policy　返品規定　☐ refund　名 返金　☐ replacement　名 交換　**71.** ☐ confirmation　名 確認　**72.** ☐ progress　名 進行、経過

Questions 75-76 refer to the following e-mail.

From:	paterson.t@zee-properties.com
To:	a_sung@beatmail.com
Subject:	Re: C Rowan Place
Date:	February 4

Dear Ms. Sung,

I would like to propose a viewing date for apartment C at Rowan Place. The building owner informs me he is available to show the property on the morning of Saturday, February 9. My own schedule is open at 10:30 A.M., 75(B) so kindly let me know if this is convenient for you. As you said you would like to move as soon as possible, please bring a driver's license to the viewing or other form of identification .76(D) This will allow us to sign contracts on the same day, assuming you are happy with the apartment.

Best regards,

Trey Paterson
Senior Agent, Zee Properties

問題75から76は次のEメールに関するものです。

発信者: paterson.t@zee-properties.com
宛先: a_sung@beatmail.com
件名: Rowan PlaceのC区画の件
日付: 2月4日

Sung 様
Rowan PlaceのアパートC区画の見学日をご提案したいと思います。建物のオーナーから、2月9日土曜日午前中に物件を案内することができると知らせてきています。私自身の予定は午前10時30分が空いていますので、これでご都合が良いかどうか、お知らせください。できるだけ早く引っ越したいと思っておられるとのことですので、見学の際に運転免許証かその他の身分証明書をご持参ください。それで物件をお気に入りいただけるようであれば、当日に契約書にサインしていただくことが可能になりますので。

敬具
Trey Paterson
Zee不動産会社 上席代理人

80. **正解** A R1 ✿

How will the survey results be used?

☐ (A) To improve employee performance
☐ (B) To decide the prices of various tours
☐ (C) To reward some members of the staff
☐ (D) To choose new tour routes

本文の1段落目にアンケートをどのように使うかについて「皆さまからいただいたご回答は、Arabian Welcomeがツアーを改善する手助けとなります。またスタッフにとっては重要なご意見をいただくことでもあり、将来の研修に使用されます」と記載があることから、(A)が正解。

アンケート結果はどのように使用されますか。
(A) 従業員の技能を進歩させるため。
(B) さまざまなツアーの価格を決定するため。
(C) スタッフの数名に報奨を与えるため。
(D) 新ツアーのルートを選ぶため。

ポイント 目的を問う問題

目的は文書の最初に書かれていることが多いので、注目してみよう。

81. **正解** A R2 ✿

What is indicated about Ms. McGregor?

☐ (A) She thought the staff was excellent.
☐ (B) She traveled with her children.
☐ (C) She was disappointed with the transportation.
☐ (D) She enjoyed the meal.

項目の2番目で運転手に、3番目と4番目でガイドに対して高い評価をしていることがわかるので、(A)が正解。
誤答 表の中の評価項目の1番目に「バスは快適で最新式だった」とあることから、(C)は消去。項目の最後の「レストランは快適な環境で美味しい食事を提供した」の評価が低いことから、(D)も当てはまらない。(B)は追加コメント欄から妹と旅行したと書かれているため、不適である。

McGregorさんについて何が示されていますか。
(A) スタッフが優秀だと思った。
(B) 子どもたちとともに旅行した。
(C) 交通手段に落胆した。
(D) 食事を楽しんだ。

ポイント 人の名前に注意

外国人の名前は読みにくく、複数の人物が出てくると、混乱してしまうことも。Mさんのように、頭文字で人物関係を整理すると読みやすくなる。

82. **正解** C R2 ✿

What does Ms. McGregor recommend?

☐ (A) Making the tour shorter
☐ (B) Cutting the price
☐ (C) Reducing the number of attractions
☐ (D) Adjusting the pace for older customers

最後のコメント欄に着目する。2文目に「それぞれの場所を完全に楽しむだけの十分な時間がありませんでした」とあることから、(A)は不正解。3文目に「いくつかの場所をカットするとよいかもしれません」と提案があり、(C)が正解。(B)と(D)に関する記載は見当たらない。

McGregorさんは何を勧めていますか。
(A) ツアーを短くすること。
(B) 価格を下げること。
(C) 見学地の数を減らすこと。
(D) 年配の顧客のためにペースを調整すること。

ポイント アンケートのコメント欄

アンケートのコメント欄は、回答者が意見を書き入れている場合が多く、そこから出題されることがよくある。この問題も「McGregorさんが勧めていること」なので、コメント欄にヒントを探しにいこう。

☐ coach 名 バス、馬車 ☐ satisfaction 名 満足 ☐ survey 名 アンケート、調査 ☐ refine 動 ～を洗練する ☐ feedback 名 意見、反応 ☐ indicate 動 示す ☐ statement 名 記述 ☐ modern 形 最新の ☐ attitude 名 態度 ☐ knowledgeable 形 知識豊富な ☐ sight 名 名所 ☐ approachable 形 親しみやすい ☐ varied 変化に富んだ ☐ pleasant 形 快適な ☐ surroundings 名 環境 ☐ generally 副 概して ☐ completely 副 完全に、十分に 80. ☐ results 名 結果 ☐ improve 動 改善する ☐ employee 名 従業員、社員 ☐ performance 名 技能、能力 ☐ various 形 様々な ☐ reward 動 ～に報いる、ほうびを与える
81. ☐ disappointed 形 がっかりした 82. ☐ reduce 動 ～を減らす ☐ attraction 名 人を引きつけるもの、見学 ☐ adjust ～ 動 ～を調整する

Peston Software Design
Suite 6A, Soma Tower, 56 Walker Drive, Calgary AB 3NA

18 November

Ms. K. Ortan
OK Services
82 Cleaver Lane
Calgary AB 5RT

Dear Ms. Ortan,

I am writing to thank you for the excellent service you provided when tidying and cleaning our office 83(B) after a recent welcome party for our new staff members .84(D) We were all impressed with how clean everything was and how you separated the recyclable trash without being asked.

Recently, I have tried a number of companies to do regular office maintenance. However, the quality of their work has been disappointing,85(A) and they are often late to arrive. I would be very interested to know how much you would charge for cleaning twice-a-week of our office. Please send me any further information, including prices of services and equipment, to the above address .86(C)

Best regards,

Liam Malone
Office manager
Peston Software Design

□ provide 動 提供する □ tidy 動 片づける □ impress 動 感心する □ separate 動 分ける、分別する □ recyclable trash 再生利用可能なゴミ □ regular 形 定期的な □ office maintenance オフィスの整備点検 □ disappointing 形 失望して □ arrive 動 到着する □ twice-a-week 週2回の □ further information さらに詳しい情報 □ include 動 含む □ equipment 名 設備、備品

問題96から100は次の記事とEメールに関するものです。

イベントボランティア募集

3月3日―Jordan公園で行われるクラシック音楽のイベント、Strings in the Parkでは、ボランティアを探しています。毎年行われるこのイベントは今年9年目を迎え、バイオリン、チェロ、ギターの演奏が行われます。

　主催者は手伝いができる地域住民から連絡が欲しいとしています。彼らは飲食スタンドでの食事の提供、ステージの前で警備業務、救護テントでのお手伝いをする人を探しています。

ステージ警備をやりたい人は比較的健康な人でなければならず、救護エリアを手伝いたい人は基本的な医療トレーニングを受けなければなりません。

　イベントは4月4日金曜日から4月6日日曜日まで行われます。ボランティアを1日やった人は、通常30ドルのチケットを無料でもらえ、他の日の入場に利用できます。申し込みは、Jenna Ryanのアドレス ryan.j@stringsinpark.org に3月15日までにご連絡ください。

送信先：ryan.j@stringsinpark.org
送信元：kieran-thomas@i-mailnow.com
日付：3月7日
件名：Jordan公園のイベント

Ryanさん

Strings in the Parkのイベントについて、地元の新聞で読みました。ステージ警備を手伝いたいです。
昨年同じ仕事をやり、大変楽しみました。もし可能なら、土曜の公演のボランティアをやり、チケットを翌日の日曜日に使いたいです。

お返事お待ちしています。詳細が必要であれば、ご遠慮なくいつでもEメールをください。

敬具

Kieran Thomas

文書1 ☐ volunteer 图ボランティア ☐ annually 副毎年 ☐ performance 图演奏、公演 ☐ organizer 图主催者、事務局
☐ local resident 地域住民 ☐ security 图警護 ☐ relatively 副比較的 ☐ physical fit 健康である
☐ complimentary ticket 無料チケット ☐ normally 副通常は ☐ admission 图入場
文書2 ☐ hear from ～から連絡をもらう ☐ further details さらなる詳細 ☐ feel free to 遠慮なく～してください

 解答のヒント　同義語問題の解き方

例えばissueという単語。いろいろな意味があります。

1. （雑誌の）号
2. 問題（problemの言い換え）
3. …を出す（例：**issue** a statement　声明を出す）

同義語問題では、「空所に入れて意味が通るものを選ぶ」のが大切。つまり、言い換えを知っている単語を機械的に入れてはダメだということです。

もしも、The special **issue** is not included in an annual subscription.（特別号は年間購読には含まれていません）という文であれば、このissueは「雑誌の号」だとわかります。このissueの位置に入れて意味の通る語彙を選ぶ、ということです。例えばeditionが入りそうです。ちなみに、annual（年次の）もsubscription（定期購読）もTOEIC頻出語です。ちなみに、annual（年次の）もsubscription（定期購読）もTOEIC頻出語です。

また、Mr. Patel will lead group discussions on **issues** related to the launching of a new business.（Patelさんは新規ビジネスを立ち上げることに関する問題において、議論を主導する）の場合、このissueの位置にはproblemやmatterが入るでしょう。

同義語問題を解く際は、空所を含む文をしっかり読んで意味を取ることが重要です。

96. 　　正解 **D**　R2

What is indicated about the event?

☐ (A) The venue has not yet been decided.
☐ (B) Performances will be given by local musicians.
☐ (C) Ticket prices have increased.
☐ (D) It happens every year.

記事の2文目、The event, which is held annuallyと書いてあることから、イベントは毎年行われると判断できる。

イベントについて何が示されていますか。
(A) 開催地がまだ決定していない。
(B) 演奏は地元の音楽家によって行われる。
(C) チケットの値段が値上がりした。
(D) 毎年行われている。

ポイント　言い換えに注意

本文中でannuallyと書いてあるのが、正解の選択肢ではevery yearと言い換えられている。このような言い換え表現は頻出なので注意。

97. 　　正解 **A**　R4

In the article, the word "run" in paragraph 3, line 1, is closest in meaning to

☐ (A) go
☐ (B) make
☐ (C) manage
☐ (D) sprint

The event will run from Friday, 4 April to Sunday, 6 April.のrunの位置にいれて意味が通る単語を選ぶ。runには「走る」のほか、「進行する、（計画などが）うまく営まれる」という自動詞の用法、「（会社などを）経営する」という他動詞の用法もある。

記事の第3段落・1行目にあるrunに最も意味が近いのは
(A) 進行する
(B) 作る
(C) 経営する
(D) 全力疾走する

ポイント　同義語に注意

Part 7の言い換え問題で出題される単語は、多義語の場合が多い。知っている意味をそのまま選ばずに、必ず元の文に入れて確認すること。例えばこの問題の場合、runは「走る」だから早とちりしてsprintを選ばないように。

98. 　　正解 **B**　R2

What will volunteers receive?

☐ (A) A cash payment
☐ (B) Free entry to the event
☐ (C) Food and drink
☐ (D) Music lessons

ボランティアが対価としてもらえるものを選ぶ問題。記事の3段落目の2文目にPeople who volunteer for one day will be given a complimentary ticket, normally $30とあるので、30ドル相当のチケットをもらって無料でイベントに入場できるとわかる。

ボランティアは何を受け取りますか。
(A) 現金の支払い
(B) イベントへの無料の入場
(C) 飲食物
(D) 音楽のレッスン

ポイント　順番にヒントを探す

「ボランティアがもらえるもの」なので、volunteersを記事から見つけて順番に情報を探す。ここでは記事の2段落目までに情報がないことが97番を解いた時点でわかっているので、その後ろから探すとよい。

あなたの解答を記入し、正解したら印をつけるか、色を塗りましょう。（P.8 参照）　　受験日：　　　年　　　月　　　日

Part	No.	正解	あなたの答え	R1	R2	R3	R4	R5	正解必須問題
Part 5	51	A						R5	
	52	A					R4		⭐
／16問	53	D						R5	⭐
	54	A						R5	
	55	B					R4		⭐
	56	C					R4		
	57	A					R4		⭐
	58	C						R5	⭐
	59	C						R5	⭐
	60	C					R4		
	61	B						R5	
	62	B					R4		
	63	B						R5	⭐
	64	D						R5	
	65	A					R4		
	66	B					R4		
Part 6	67	A				R3	R4		⭐
	68	C					R4		
／8問	69	B						R5	
	70	B				R3			⭐
	71	B					R4		⭐
	72	A				R3			
	73	D				R3		R5	
	74	D					R4		
Part 7	75	B			R2				
	76	D			R2				⭐
／26問	77	C				R3			⭐
	78	B		R1		R3			⭐
	79	A			R2				
	80	C			R2				
	81	D			R2				
	82	A				R3			
	83	B		R1		R3			
	84	C				R3			
	85	B			R2				
	86	A			R2				
	87	C		R1					⭐
	88	A			R2				
	89	A				R3			
	90	B			R2				
	91	B			R2				
	92	C		R1					
	93	B			R2				
	94	D			R2				
	95	C				R3			
	96	C		R1					
	97	B				R3			
	98	A			R2				
	99	B			R2				
	100	A				R3			

正答数合計　│　│　│　│　│　│

問題タイプ

R1：文書の内容をもとに文脈を推測	
R2：文書の詳細情報を理解	
R3：1つまたは複数の文書の情報を関連付ける	
R4：語彙の意味・用法	
R5：文法	

Memo

全体正答数	／**50**
参考スコア＊	

＊P.215参照

	R1	R2	R3	R4	R5
A. 問題合計	5	14	13	12	10
B. 正答合計					
C. 正答率 （B／A）	%	%	%	%	%

下のグラフに自分の正答率を書き入れましょう。

項目別正答率

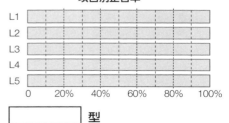

L1　L2　L3　L4　L5
0　20%　40%　60%　80%　100%

│　　　│ 型

＊アビメ占いのページで、自分のタイプを把握しましょう。（P.36-39参照）

正解と解説を確認したら、音声を一文ずつ止めながら聞いて音読しましょう。

1. 🎧049 🇨🇦 M 　正解 ▶ B　L3 🌸

- ☐ (A) He's leaving a store.
- ☐ (B) He's holding a piece of wood.
- ☐ (C) He's cutting some material.
- ☐ (D) He's opening a window.

(A) 彼は店から出ようとしている。
(B) 彼は木片を一つ持っている。
(C) 彼は資材を切っている。
(D) 彼は窓を開けている。

全て現在進行形の文が並んでいるので動作をチェックする。男性は細長い木片を運んでいるので、(B)が正解。

- ☐ leave 動 ～を去る、出る
- ☐ hold 動 手に持つ
- ☐ material 名 材料、資材

ポイント　写真問題の時制
現在進行形は、「今その動作を行っているか」がポイント。人物写真の場合は動作に注目する。

2. 🎧050 🇬🇧 W 　正解 ▶ A　L1 🌸

- ☐ (A) Some women are having a conversation.
- ☐ (B) Some staff members are carrying drinks.
- ☐ (C) A woman is reading on a bench.
- ☐ (D) A woman is moving a table.

(A) 数人の女性が会話をしている。
(B) 数人のスタッフが飲み物を運んでいる。
(C) 女性はベンチで本を読んでいる。
(D) 女性がテーブルを動かしている。

女性2人が向かい合って座っている様子から会話をしていると判断し、(A)が正解。「会話をしている」かどうかは音声の聞こえない写真ではわからないが、**推測して答える問題も出題される**。推測問題で迷った場合は、消去法も有効。

- ☐ have a conversation 会話をする
- ☐ staff member スタッフ、職員

ポイント　複数の人物が写っている写真
複数の人物が写っている場合は、それぞれの位置関係や動作に注目。

3. 🎧051 🇺🇸 W 　正解 ▶ D　L3

- ☐ (A) Tables have been placed in a circle.
- ☐ (B) A computer monitor is being moved.
- ☐ (C) Some chairs have been folded up.
- ☐ (D) A meeting room is unoccupied.

(A) テーブルが円形に配置されている。
(B) コンピューターのモニターが動かされているところだ。
(C) いくつかの椅子が折りたたまれている。
(D) 会議室は人がいない。

会議室の中には人がいないので、unoccupied（人がいない）と述べている(D)が正解。こちらも、迷ったら消去法で考えてみると良い。人物の写っていない写真では、人が主語の選択肢や、受け身の進行形の選択肢は消去する。

- ☐ place 動 置く、設置する
- ☐ monitor 名 モニター
- ☐ fold up 折りたたむ
- ☐ unoccupied 形 人がいない

ポイント　人のいない写真
人物のいない写真では、(B)のように「その動作がされている途中」である受け身の進行形は不正解。

解答のヒント　　Part 1, 2のマークの仕方と消去法

Part 1, 2は一瞬の判断がものをいうパートです。消去法もうまく使って解きましょう。**鉛筆の動かし方がポイント**なので、ぜひやってみてください。ちなみに、1.3mmのマークシート用のシャープペン、または先のつぶれた鉛筆を使うのがお勧めです（一気にマークできるため）。マークシートと筆記用具を準備して練習しましょう。

Part 1（写真問題）
写真を見ながら (A) の音声を聞く
(A) が正解だと思ったら、マークシートの (A) に鉛筆を置く。100パーセント確信があればこの時点で (A) を塗ってもよい。
(A) が正解か不正解か迷ったら、ひとまず (A) のところに鉛筆を置いておく。
　　　↓
写真を見ながら (B) の音声を聞く
(A) と (B) の選択肢を比べる。(A) が正解だと思った場合は (A) のまま。迷ったらいずれか正解に近そうな方へ鉛筆を置く。
　　　↓
写真を見ながら (C) の音声を聞く
鉛筆を置いている箇所の選択肢と (C) の選択肢を比べる。
このように鉛筆を置いている箇所の選択肢と、次に聞いた選択肢を2択で選ぶことを繰り返し、最後に鉛筆を置いている選択肢を塗る。

Part 2（応答問題）　　基本的にPart 1とやり方は同じです。
問いかけ文と (A) の音声を聞く
(A) の選択肢が正解だと思ったらマークシートの (A) に鉛筆を置く。
　　　↓
選択肢 (B) (C) の音声を聞く
鉛筆を置いている箇所の選択肢と、次の選択肢を比べる。より正解に近そうな箇所に鉛筆を置いておく。(AとB、AとC、BとCのように、常に2択で選んでいく)　最後に鉛筆を置いている選択肢を塗る。

文字で書くと長いですが、やってみると簡単です。ぶっつけ本番でやらずに、練習しましょう。Part 1, 2に関しては、不正解の選択肢も音声として読まれるため、「不正解だとわかっているものを選ばない」という消去法も有効です。

4. 🎧053 🇺🇸 W ⇒ 🇨🇦 M　正解 ▶ A　L3 ✿

Whose proposal did the board accept?
- [ ] (A) They chose Brian's.
- [ ] (B) It was a fair price.
- [ ] (C) I suggest we go there today.

誰の提案を重役会は受理しましたか。
(A) 彼らはブライアンのを選びました。
(B) 適正価格でした。
(C) 今日そこに行くことを提案します。

「誰の提案を受理したか」という問いかけに対して「Brianの（提案）」とストレートに答えた(A)が正解。
誤答 (C)は問いかけ文のproposalに対してsuggestという単語を入れた想像引っかけ。

- [ ] proposal 名 提案
- [ ] board 名 役員会
- [ ] choose 動 選ぶ
- [ ] fair price 適正価格
- [ ] suggest 動 提案する

ポイント 文頭の疑問詞に意識を集中
WH疑問文は、冒頭の疑問詞をしっかり聞き取ること。

5. 🎧054 🇬🇧 W ⇒ 🇦🇺 M　正解 ▶ B　L3

Does this projector run on batteries or AC power?
- [ ] (A) Most customers like the new feature.
- [ ] (B) I think it can use either.
- [ ] (C) No, it's working perfectly.

このプロジェクターは電池で動きますか、AC電源で動きますか。
(A) ほとんどの顧客がその新しい機能を気に入っています。
(B) どちらも使えると思います。
(C) いいえ、完璧に作動しています。

「プロジェクターは電池で動くのか、AC電源で動くのか」を問う選択疑問文。「どちらも使える」と答えた(B)が正解。**必ずどちらかを選ぶとは限らないので注意。**
誤答 選択疑問文はYes/Noで答えられないので、(C)は不正解。

- [ ] projector 名 プロジェクター
- [ ] run on batteries バッテリーで動く
- [ ] perfectly 副 完璧に

ポイント A or Bの選択疑問文　3つのパターン
選択疑問文は、1. どちらかを選ぶ　2. どちらでも良い　3. どちらも選ばない（保留）が正解になる3パターン。必ずどちらかを選ぶとは限らないので注意。

6. 🎧055 🇦🇺 M ⇒ 🇨🇦 M　正解 ▶ A　L1+L5

What is the new price of this product?
- [ ] (A) It hasn't been decided yet.
- [ ] (B) He's worked in Accounts for ten years.
- [ ] (C) I'm sure they'll come soon.

この商品の新しい価格はいくらですか。
(A) まだ決まっていません。
(B) 彼は10年間経理部にいます。
(C) 彼らはすぐに来ると思います。

商品の新しい値段を尋ねている。これに対し、聞かれた側が値段を答えるのではなく「まだ決まっていない」と答えた(A)が正解。
誤答 (B)はpriceとAccountsの想像引っかけ。(C)はtheyが何を指すのかわからず会話が成立しない。

- [ ] Accounts 名 経理部 (accounting department、finance departmentなどともいう)
- [ ] I'm sure きっと〜だと思う

ポイント 間接的な応答
常にストレートな答えが正解とは限らない。間接的な応答に注意。苦手な人は、下記のコラムを参照。

💡 **解答のヒント　間接的応答のロジック**

Part 2の「直接的な応答」「間接的な応答」の例を見てみましょう。
Q　ビーフとチキン、どちらにしますか。
1. 直接的な応答　「ビーフをいただきます」「チキンにします」など。
2. 間接的な応答　「今はお腹が空いていません」「私、実はベジタリアンです」など。
Do you...? に対してYes, I do. や No, I don't. を正解として待ってしまうタイプの方は要注意。日本語訳を見て「そんな返しもあったのか」と気づくと思います。応答をペアで英語で音読して、組み合わせの引き出しを増やしていきましょう。

7. 🎧056 M ⇒ W 　正解 ▶ A 　L3 ✿

Where's the entrance to the city hall building?

- ☐ (A) The first door on your left.
- ☐ (B) No, there is a side door too.
- ☐ (C) You should use a different entrance.

市庁舎の建物の入り口はどこですか。
(A) 左側の最初のドアです。
(B) いいえ、横のドアもあります。
(C) 違う入り口を使う必要があります。

市庁舎の入り口の場所を聞いているのに対し、「左の最初のドア」とストレートに答えている(A)が正解。
誤答 there is a side doorだけを聞くと(B)も正解になりそうに思えるが、選択肢の冒頭がNoで始まっているので不正解。(C)は入り口を探している人に対して応答が成り立っていない。

☐ entrance 名 玄関
☐ side door 横のドア、通用口

ポイント Where/Whenに注意
Where/Whenが文頭にきた場合は特に注意。音が似ているので聞き間違うことが多い。

8. 🎧057 M ⇒ W 　正解 ▶ C 　L3 ✿ 👂

Don't you have to attend the weekly administration meeting now?

- ☐ (A) I'm not waiting any longer.
- ☐ (B) He holds meetings in Room 503.
- ☐ (C) No, it's been postponed until tomorrow.

毎週の管理会議に今出席しなくてよいのですか。
(A) もう待っていません。
(B) 彼は503会議室で会議をします。
(C) はい、明日に延期されました。

「管理会議に今出席しなくていいのか」という問いかけに対し「明日に延期された」、つまり「出席しなくてよい」という(C)が正解。**否定疑問文はYes/Noが日本語の「はい、いいえ」と逆になるので注意。**「出席する」ならYes、「出席しない」ならNoなので、問いかけの内容があっていればYes、内容と異なっていればNoと覚えておくとよい。

☐ attend 動 出席する
☐ administration 名 管理、運営
☐ any longer これ以上
☐ hold a meeting 会議を行う
☐ postpone 動 延期する

ポイント 否定疑問は複雑に考えない
否定疑問文は、すぐにYes/No疑問文に変換してしまうのもコツの一つ。ここではDo you have to ～?に変換して考えると正解を選びやすい。

9. 🎧016 W ⇒ M 　正解 ▶ A 　L1+L5

Mr. Walker is visiting our office tomorrow, isn't he?

- ☐ (A) He'll be here at 10 o'clock.
- ☐ (B) Today is Tuesday.
- ☐ (C) I can help you later.

Walkerさんは明日うちのオフィスに来るのですよね。
(A) 彼は10時にここに来ます。
(B) 今日は火曜日です。
(C) 後で手伝えます。

「Walkerさんが明日来るのか」という問いかけに対して、Yesとは言わず具体的に「彼は10時にくる」と答えた(A)が正解。

☐ later 副 後で

ポイント 付加疑問に惑わされない
付加疑問文は、日本語の「ね?」という念押しにあたる部分。ここは重要ではないので、その前の部分に注目。

10. 🎧059 🇨🇦 M ⇒ 🇺🇸 W 　　正解▶ **B** 　L3

Who should I forward this complaint to?

☐ (A) We're making good progress.
☐ (B) Leave it with me.
☐ (C) No, a customer service representative.

この苦情を誰に転送すればいいですか。

(A) 順調に進展しています。
(B) 私に預けてください。
(C) いいえ、顧客サービス担当者です。

「苦情を誰に転送するか」と問うWH疑問文。(B)のleaveは「〜を任せる、委ねる」の意味で、Leave it with me.（私に預けて）で問いかけ文と会話が成り立つ。
誤答▶ (C)はa customer service representative「顧客サービス担当者」だけであれば正解だが、冒頭にNoがあるので不正解。WH疑問文にはYes/Noで答えることはできない。

☐ forward 動 転送する
☐ complaint 图 苦情
☐ service representative
　顧客サービス係

ポイント WH疑問文にはYes/Noで答えない
Yes/Noで答えている選択肢は、そのあとの答えが当てはまっても不正解。

---

11. 🎧060 🇦🇺 M ⇒ 🇺🇸 W 　　正解▶ **B** 　L3 ✿

Could I try on this shirt before buying it?

☐ (A) I can do that.
☐ (B) Sure, let me check if we have your size.
☐ (C) That'll be $24.99, please.

買う前にこのシャツを試着してもいいですか。

(A) それは私ができます。
(B) もちろん。あなたのサイズがあるかチェックします。
(C) 24.99ドルお願いします。

「シャツを試着してもいいか」という許可を求める問いかけに対して「もちろん」と了承する(B)が正解。
誤答▶ (C)は衣料品店での問いかけ文だとなんとなく聞き取った場合に選びがちな値段を入れた誤答。

☐ try on 試着する
☐ Let me check. 確認いたします。

ポイント 了承する答えのいろいろ
依頼、提案などの「機能疑問文」と呼ばれる表現は、1. 了承する　2. 断る理由　3. どちらも選ばない（保留）が正解になる3パターン。了承するときは、Yesのほか、SureやCertainlyなども使われる。

---

12. 🎧061 🇨🇦 M ⇒ 🇺🇸 W 　　正解▶ **C** 　L1+L5

My desk is free if you want to use it.

☐ (A) You're welcome.
☐ (B) It costs too much for me.
☐ (C) I'm just about finished, thanks.

もし使いたいなら、私の机が空いていますよ。

(A) どういたしまして。
(B) 私には高すぎます。
(C) ちょうど仕事を終えました、ありがとう。

「使いたいなら私の机が空いています」というつぶやき表現。ただしこれは「使ってもいいですけど、どうですか」という機能疑問文の要素を持っているので、受け入れるか断るかのパターンが正解だと推測できる。just about finished「ちょうど仕事を終えました」、つまり「もう使いません」と述べた(C)が正解。

☐ free 形 空いている、使われていない

ポイント 提案や依頼の意味を含む平叙文
つぶやき表現（平叙文）と機能疑問文（提案や依頼など）が組み合わさったパターン。機能疑問文と同様に、1. 了承する　2. 断る理由　3. どちらも選ばない（保留）が正解になると考えれば、返しのパターンが数多くある通常のつぶやき表現よりは解きやすい。

13. 🎧062 🇬🇧 W ⇒ 🇨🇦 M ｜正解▶ **B** ｜L3｜ ✿ 🔊

When will the profit forecasts be released?
- ☐ (A) I heard it will be cloudy.
- ☐ (B) They'll be announced on Friday.
- ☐ (C) Last year was very profitable.

利益予測はいつ発表されますか。
(A) 曇りになると聞きました。
(B) 金曜までには公表されます。
(C) 昨年は非常に利益が出ました。

profit forecast（利益予測）はいつ発表されるかという問いかけに対し、「金曜までには発表される」と答えた(B)が正解。
誤答 forecastはweather forecast（天気予報）のようにも使われるので、(A)のcloudyはそれを踏まえた引っかけ。また、(C)はprofitとprofitableで音が似ているので音ワナに注意。

☐ profit forecast　利益予測
☐ release　動 発表する、公開する
☐ announce　動 公表する
☐ profitable　形 利益が多い

ポイント ｜ 迷ったら消去法で
Part 2では消去法も有効。このとき、問いかけ文に含まれる単語が選択肢にあると「音ワナ」の可能性があるので消去できないか考える。

14. 🎧063 🇺🇸 W ⇒ 🇦🇺 M ｜正解▶ **A** ｜L1+L5｜

I'm here to pick up my new mobile phone.
- ☐ (A) It's all ready for you.
- ☐ (B) Prices include tax.
- ☐ (C) No, I'm afraid not.

新しい携帯電話を取りに来ました。
(A) 全て準備できています。
(B) 価格には税金が含まれます。
(C) いいえ、残念ながら違います。

「携帯電話を取りに来た」というつぶやき表現。携帯電話店での会話だと推測できる。これに対して「準備ができている」と答えた(A)が正解。
誤答 (B)は電話店での会話だから値段について答えるはず、と思い込んだ場合に選びがちなので注意。

☐ pick up　引き取る、受け取る
☐ mobile phone　携帯電話
☐ be ready for　～の準備ができている
☐ include tax　税金を含む、税込みである

ポイント ｜ つぶやき表現の返し
つぶやき表現（平叙文）は返しのパターンが数多くあるので難易度が高くなりがち。聞き取ったら、そのつぶやきの場面を想像してビジュアルで捉えてみるとよい。ただし、ここでの(B)のような勝手な思い込みに注意。

 解答のヒント　WhenとWhereに注意

Part 2の25問のうち、約半数がWH疑問文です。When, Where, Who, Whose, Which, What, Howなどの疑問詞で始まる問いかけ文に対し答えが直接的な場合は、比較的簡単に解けます。ただし、問いかけ文がWH疑問文の場合だからといって、必ずしも簡単なわけではないので注意です。間接的な応答が正解の場合、初心者には難しい問題のこともあります。（直接的な応答、間接的な応答に関しては100ページを参照ください。）

さて、WH疑問文の中でも特に聞き取りが難しいのがWhenとWhereです。音が似ているだけではなく、WhenとWhereいずれかで正解になる、両方の選択肢があると難易度が高くなります。

例えばこんな問題です。

Q Where will the conference be held?（会議はどこで行われますか）

(A) In London.

(B) On Tuesday or Wednesday.

Whereと聞き取れれば(A)を選べますが、Whenと聞こえてしまった場合は(B)を選んでしまいます。

Part 2では、1問ずつ集中して聞き取り、マークが終わったら一旦休憩、のように集中力の緩急をつけましょう。特に冒頭にWhereとWhenがきたときは最大限の注意が必要です。

Half Test 1
Half Test 2
Half Test 3

🎧065（会話） 🎧066（質問） W: 🇺🇸 M: 🇦🇺

Questions 15 through 17 refer to the following conversation.

W Thank you for inviting me to your place, Vincent. I'm glad you've decided to make changes to the menu and the interior. 15 Too many places are serving the same food these days.

M Thanks, we're really excited to have you here, Melissa. I mean, you're such an influential food blogger. I read that your site now gets over 100,000 visits every day. 16 That's amazing.

W Well I must say, this pasta dish is delicious. It's a real improvement on the last meal I had here.

M You haven't tried the cheesecake yet. It's our new chef's specialty, and it's been a huge hit with customers. 17

問題15から17は次の会話に関するものです。

W お招きいただきありがとうございます、Vincent。メニューとインテリアを変更することを決めてくれて嬉しく思います。最近は同じような食べ物を提供するお店が多すぎます。

M ありがとう、あなたが来てくれてワクワクしています、Melissa。というのは、あなたはとても影響力のある食べ物のブロガーですから。あなたのウェブサイトは毎日10万人以上が訪問すると読みました。すばらしいですね。

W えーっと、パスタ料理がおいしいですね。ここで最後に食べた食事より本当によくなりました。

M まだチーズケーキを食べていないでしょう。うちのシェフの得意料理で、お客様に大変好評なんですよ。

15. 　　　　　**正解** ▶ **C** L2

Where does the man work?

☐ (A) At a food producer　☐ (B) At a grocery store
☐ (C) At a restaurant　☐ (D) At a catering company

男性はどこで働いていますか。

(A) 食品製造業　　　(B) 食料品店
(C) レストラン　　　(D) ケータリング会社

女性が最初にThank you for inviting me to your place, Vincent. I'm glad you've decided to make changes to the menu and the interior. と述べている。serve the food, food blogger, pasta dish, specialtyなども場所がレストランだというヒントになる。

ポイント 職業を問う問題は「全体を問う問題」
ヒントが複数ある。食べ物に関する選択肢が並んでいるので、慎重に選ぶこと。飲食店のことを日本語では「店」と言うが、英語でstoreやshopとは言わない。restaurantやplaceを使うので注意。

16. 　　　　　**正解** ▶ **C** L4

What does the man say about the woman's Web site?

☐ (A) It cannot be accessed.
☐ (B) Its appearance changed recently.
☐ (C) It is very popular.　☐ (D) It makes large profits.

男性は女性のウェブサイトについて何と言っていますか。

(A) アクセスできない。　(B) 最近見た目が変わった。
(C) 非常に人気がある。　(D) 大きな収益をあげている。

男性はI mean, you're such an influential food blogger. I read that your site now gets over 100,000 visits every day. と述べているので、女性が人気のブロガーであることがわかる。your siteはウェブサイトのことなので、(C)が正解。

ポイント 性別は先読みで把握する
男性がヒントを言うはずなので、設問を先読みした段階で男性が女性のウェブサイトの話をするのを待つ。

17. 　　　　　**正解** ▶ **A** L4

What does the man suggest the woman do?

☐ (A) Have some dessert
☐ (B) Complete a form online
☐ (C) Write a newspaper article
☐ (D) Order a free sample

男性は女性に何を提案していますか。

(A) デザートを食べる。　(B) オンラインで用紙に記入する
(C) 新聞記事を書く。　(D) 無料サンプルを注文する。

男性は設問の発言の後、It's our new chef's specialty, and it's been a huge hit with customers. と述べている。シェフの特別メニューで人気があると言っているので、おいしいから食べて欲しいと考えていると推測できる。よって(A)が正解。

ポイント 選択肢が正解の状況をイメージ
意図問題は、先読みをした段階で時間に余裕があれば、それぞれの選択肢が正解になるシチュエーションに見当をつけておくとよい。

☐ interior 图 インテリア　☐ serve 動 (食べ物を) 提供する　☐ influential 形 影響力がある　☐ blogger 图 ブロガー　☐ site 图 ウェブサイト　☐ improvement 图 改善　☐ specialty 图 得意料理　**15.** ☐ grocery store 食料品店　**16.** ☐ access 動 アクセスする　☐ appearance 图 見た目　☐ profit 图 利益　**17.** ☐ complete 動 記入する　☐ article 图 記事

Part 4

086 （説明文）　🎧087 （質問）w: 🇺🇸

Questions 45 through 47 refer to the following message and schedule.

Hello Keenan, it's Bernice Naylor from Downtown Publishing. I'm just checking that you received the book-signing schedule for your latest novel, *Over the Clouds* .45 Unfortunately, due to a change in my own work schedule, I won't be able to accompany you in Manchester as planned. I will be joining you on the last date of the tour ,46 however, which is when we will be doing the media interviews. We have arranged for a driver to take you to each store and hotel. The vehicle has fully reclining seats ,47 so you can rest during the journey. Everyone at Downtown wishes you a successful tour.

問題45から47は次のメッセージと予定表に関するものです。

もしもしKeenanさん、Downtown出版のBernice Naylorです。最新刊の*Over the Clouds*のサイン会のスケジュールを受け取られたのか確認したいと思いまして。残念なことに、私の仕事の予定変更により、マンチェスターに予定通り一緒に行くことができなくなりました。ですが、報道機関のインタビューのあるツアー最終日に合流します。それぞれの店とホテルへ行くための運転手を手配しました。車はリクライニングシートなので、移動中に休憩できます。Downtownの全員がこのツアーの成功を祈念しています。

Schedule for Keenan Foster	
July 2	Manchester
July 3	Glasgow
July 4	Birmingham
July 5	London

Keenan Fosterの予定表	
7月2日	マンチェスター
7月3日	グラスゴー
7月4日	バーミンガム
7月5日	ロンドン

45. 　正解▶ B 　L2

Who most likely is the message intended for?
- [ ] (A) A store owner
- [ ] (B) An author
- [ ] (C) A TV actor
- [ ] (D) A hotel inspector

このメッセージは誰に向けたものですか。
(A) 店の所有者　(B) 著者
(C) テレビの俳優　(D) ホテルの検査官

冒頭部、Hello Keenan, it's Bernice Naylor from Downtown Publishing. I'm just checking that you received the book-signing schedule for your latest novel, *Over the Clouds*.から、この留守電メッセージが出版社からかかってきたもので、聞き手の最新の小説に関するサイン会イベントのお知らせだとわかる。よって(B)が正解。

ポイント 職業のヒントを聞き取る
your latest novelがピンポイントに聞き取れていれば解ける問題。

46. 　正解▶ D 　L4

Look at the graphic. Where will the speaker meet the listener?
- [ ] (A) In Manchester
- [ ] (B) In Glasgow
- [ ] (C) In Birmingham
- [ ] (D) In London

図を見てください。話し手はどこで聞き手に会いますか。
(A) Manchesterで　(B) Glasgowで
(C) Birminghamで　(D) Londonで

I won't be able to accompany you in Manchester as planned. I will be joining you on the last date of the tourと述べており、最初の予定であるマンチェスターでは合流できず、最終日に会うことがわかる。表の最終日を見ると、最終日はロンドン。よって(D)が正解。

ポイント 日付から場所を知る
「ロンドンでお会いします」と言ってしまうとグラフィック問題として成立しない。日程について話されたら対応する場所を選ぶ。

Half Test 1 / Half Test 2 / Half Test 3

47. 正解 ▶ **C** L4

What method of transport has the speaker arranged?

☐ (A) Train   ☐ (B) Airplane
☐ (C) Car   ☐ (D) Ferry

話し手はどんな移動方法を聞き手に手配しましたか。

(A) 電車   (B) 飛行機
(C) 車   (D) フェリー

We have arranged for a driver to take you to each store and hotel. The vehicle has fully reclining seatsの部分から、運転手を手配したこと、そして車にリクライニングシートが付いていることがわかる。よって(C)が正解。

ポイント 移動手段

会議に参加する、出張に行くなど移動に関する話題がたまに出てくる。その際、車や飛行機や列車など様々な移動手段が出てきたり、会話の場所（空港や駅）を問う問題も。交通機関関係の単語を押さえておくこと。vehicleはPart 1でも頻出。

☐ latest 形 最新の　☐ novel 名 小説　☐ unfortunately 副 残念ながら　☐ due to ～が原因で　☐ join 動 合流する、落ち合う
☐ vehicle 名 車　☐ successful 形 成功した　**45.** ☐ owner 名 所有者　☐ author 名 著者　☐ inspector 名 検査官

 解答のヒント　　グラフィック問題の解き方

Part 3, 4で出題される、図表付きの問題を「グラフィック問題」と呼びます。Part 3, 4で合計5問出題されます（Part 3で意図問題が2問だったらグラフィックが3問。その場合、Part 4は意図問題が3問でグラフィックが2問。その逆もあり）。グラフィックの種類は、表やメニュー、クーポンや地図などがあります。

さて、このグラフィック問題を解くにはコツがあります。前頁、テスト2の46番をもう一度見てみましょう。

Schedule for Keenan Foster	
July 2	Manchester
July 3	Glasgow
July 4	Birmingham
July 5	London

Look at the graphic. Where will the speaker meet the listener?

☐ (A) In Manchester   ☐ (B) In Glasgow
☐ (C) In Birmingham   ☐ (D) In London

問題を見てみると、「話し手はどこで聞き手と会いますか」とあります。もし、アナウンスで「○○で会いましょう」と言ってしまったら、グラフィックが付加されている意味がありません。まず、この問題を解く際に先読みでチェックするのは「グラフィックの情報と選択肢の共通点」です。その部分はアナウンスの中で正解のヒントとして読まれることは絶対ありません。理由は、前述のようにグラフィックなしで解けてしまうからです。ですから、「グラフィックの中で、選択肢と共通の情報の周辺」がこの問題を解く鍵となります。ここでは、July 2からJuly 5までの日付です。1箇所だけの情報では問題が解けないというところはPart 7の2文書型問題と少し似ており、どちらも情報を関連づけて解く力が試されます。

Part 4

🎧088（説明文）　🎧089（質問）　M: 🇦🇺

Questions 48 through 50 refer to the following excerpt from a meeting and schedule.

I've called this meeting to discuss the schedule for tomorrow's press conference. As you know, our Falcon smartphone has had connectivity and voice quality problems,₄₈ and we need to explain to the media what we plan to do. Firstly, our public relations manager will give the introductions. Before Feng explains the technical details of the issues, I will give a formal apology to our customers.₄₉ Finally, Sofia Jimenez will answer any questions. That may be the trickiest part of the event, so I think we should ask Sofia some questions now so that she can be ready for tomorrow.₅₀

問題48から50は次の会議の一部と予定表に関するものです。

明日の報道発表の予定について話し合うため、会議を招集しました。ご存知の通り、当社のFalconスマートフォンは接続と音声の質に問題があり、当社が予定していることについてメディアに説明する必要があります。最初に、当社の広報部長が概要を説明します。Fengがこの問題の技術的な詳細を説明する前に、私が顧客の皆さんに公式に謝罪します。最後に、Sofia Jimenezが質問にお答えします。ここが今回のイベントで一番注意しなければならない部分ですので、彼女が明日に向けて準備できるよう、Sofiaに私たちから今質問をしてみた方がいいと思います。

Schedule of Press Conference March 21, 10:30 A.M.	
First speaker	Al Schwartz, Public Relations Manager
Second speaker	Giles Hartson, Chief Executive Officer₄₉
Third speaker	Feng Zhang, Chief Technical Officer
Fourth speaker	Sofia Jimenez, Head of Technical Support

報道発表の予定 3月21日, 午前10:30	
第一発表者	Al Schwartz, 広報部長
第二発表者	Giles Hartson, 最高経営責任者
第三発表者	Feng Zhang, 最高技術責任者
第四発表者	Sofia Jimenez, 技術サポート部長

48.　 正解 **A** 　L4

Where does the speaker work?

- [ ] (A) A mobile phone manufacturer
- [ ] (B) At a conference center
- [ ] (C) At an advertising firm
- [ ] (D) At a television station

話し手はどこで働いていますか。

(A) 携帯電話製造会社
(B) 会議場
(C) 広告代理店
(D) テレビ局

冒頭で、報道発表のために会議を開催すると述べている。また、As you know, our Falcon smartphone has had connectivity and voice quality problemと言っていることから、話し手は携帯電話製造会社の従業員で、スマートフォンの不具合について記者発表をする予定だと判断できる。よって(A)が正解。

> **ポイント** excerpt from a meeting の聞き取り
> "excerpt from a meeting" は社内会議の場面が多く、内容が難しくなりがち。話し手と聞き手の人物関係を話しながら聞くとよい。

49. 　　　　**正解** ▶ **D** 　L4

Look at the graphic. Who is the speaker?

☐ (A) A Public Relations Manager
☐ (B) A Head of Technical Support
☐ (C) A Chief Technical Officer
☐ (D) A Chief Executive Officer

図を見てください。話し手は誰ですか。

(A) 広報部長
(B) 技術サポート部長
(C) 最高技術責任者
(D) 最高経営責任者

Before Feng explains the technical details of the issues, I will give a formal apology to our customers. と述べていることから、発表の予定を確認する。Fengの発表の前に自分が謝罪すると言っているので、話し手は表の2番目の話し手である最高経営責任者のGiles Hartsonだとわかる。

ポイント　話す順番と役職のペア

自分の役職をそのまま言ってしまうと、グラフィック問題として成り立たない。表を見て、「発表順」にヒントがあると予想しておくと解きやすい。

50. 　　　　**正解** ▶ **B** 　L4

What does the speaker want to do next?

☐ (A) Contact the media
☐ (B) Practice for an event
☐ (C) Decide on a date
☐ (D) Write an apology

話し手は次に何をしたいですか。

(A) メディアに連絡を取る。
(B) イベントの練習をする。
(C) 日付を決める。
(D) 謝罪の言葉を書く。

最終発表者のSofiaの発表箇所について、That may be the trickiest part of the event, so I think we should ask Sofia some questions now so that she can be ready for tomorrow. と発言していることから、報道発表が上手くいくように練習するつもりだとわかる。よって報道発表をイベントと言い換えた(B)が正解。

ポイント　情報提供から次の行動

Part 4は情報提供→次の行動が話の主な流れとなる。「次の行動」は必ず3問目に出題されるので、後半部分で話し手がやりたいことを述べるのを待つ。

☐ press conference　報道発表　☐ connectivity　图接続性　☐ public relations　広報　☐ apology　图謝罪

💡 **解答のヒント　モニターテストを実施してみて**

突然ですが、「良いテスト」の条件ってわかりますか？「本当にわかっている人が正解し、わかっていない人が間違う」のが良いテストの条件の1つだと私は思っています。ですから、TOEICでは全体を通じて「単語だけ聞き取れた、読み取れた」初心者のための罠が存在するのでしょう。単語だけで飛びついてしまうと間違いを選んでしまうけど、きちんと聞き取れたり読めたりすれば正解できる、という問題が出題されるということです。

さて、2013年からこれまで、たくさんの練習問題や解説を執筆してきました。授業の中で解いてもらうと、ダイレクトに弱点が分かります。ただ、問題の中には、受講生が予想もしない間違いをする問題もありました。「執筆者が予期しないトラップ」は、つまりテストのポイントがずれているということ。これを避けるために、初心者（300点台）から上級者（900以上）の方達まで、のべ500人以上の方に、今回のハーフ模試を解いていただきました。

私が教えている大学や企業、それからメルマガの読者様にもご協力いただき、本当に感謝しております。解答の出来不出来を見ながら、問題を丸ごと差し替えたり、一部書き換えたりしてハーフ模試が3つ出来上がりました。ご協力いただいた皆様のおかげです。

Part 6

69. 　　　**正解 ▶ B**　R5

- ☐ (A) easily
- ☐ (B) easier
- ☐ (C) more easily
- ☐ (D) most easily

(A) 容易に、たやすく　　(B) easyの比較級
(C) easilyの比較級　　(D) easilyの最上級

品詞問題と比較級の問題が混ざった問題。**品詞問題の鉄則は「足りないものをまず補う」こと。**make O Cの構文で「OをCにする」になる。make it ------- の空所にはmake O CのCに当たる補語が足りていない。よって補語になれる形容詞が必要。選択肢に形容詞は(B)しかない。
誤答▶ 副詞は「名詞以外を修飾」する役割をする。足りないパーツ（ここでは補語に当たる形容詞）の代わりにはならない。

ポイント　比較級・最上級は原級に戻して考える
比較級や最上級にできるのは形容詞と副詞。thanのペアとして比較級を選んだり、範囲のある中で最上級を選ぶ場合、形容詞を選ぶのか副詞を選ぶのか迷った場合は、原級にした場合にどっちが入るのかを考えるとわかりやすい。

70. 　　　**正解 ▶ B**　R3 ✿

- ☐ (A) Therefore, some dates may not be available.
- ☐ (B) There is also health advice from a leading nutritionist.
- ☐ (C) When you come, please make your payment to the head waiter.
- ☐ (D) We are always looking for talented kitchen staff to join our team.

(A) それゆえ、何日か利用できない日があります。
(B) 一流の栄養士による健康アドバイスもあります。
(C) 来店時に、給仕長にお支払いをお願いします。
(D) 当チームに加わってくれる、才能のあるキッチンスタッフを常に探しています。

文選択問題は、前後の文との繋がりで考える。空所の前に「ウェブサイトでメニューが見られる」という文があるので、「ウェブサイトに栄養士のアドバイスもある」という文が入ると文意が通る。ここではalsoという副詞がポイントで、「…もある」という文が空所に入るには、空所の前に同様の内容が必要。

ポイント　文選択問題
文選択問題は、代名詞、冠詞、副詞などがヒントになる。代名詞は空所の前にその代名詞を具体的に指す内容があるはず。「the 名詞」の文を選ぶのであれば、空所の前にその名詞が具体的に指している文が必要。also、tooなどの副詞は、空所の前に同様の内容が必要。また、接続副詞は前の文と空所の後ろの節を意味的につなぐため、前後のつながりが必要。

☐ launch 動 売り出す、開始する　☐ offer 動 提供する　☐ option 名 選択肢　☐ meat-free 形 肉が入っていない　☐ locally grown 地元で育った　☐ produce 名 農産物　☐ healthy 形 健康な　☐ view 動 見る、眺める　**67.** ☐ performance 名 公演　**68.** ☐ due to ～が原因で　☐ as for ～については　☐ instead of ～の代わりに　☐ in spite of ～にもかかわらず　**70.** ☐ available 形 都合がよい　☐ leading 形 すぐれた、第一人者の　☐ nutritionist 名 栄養士、栄養学者　☐ talented 形 才能のある

💡 **解答のヒント　省エネで解く問題**

さて、実際にPart 5を解くときの注意です。
1. 選択肢を見て問題タイプをチェック
2. 空所の近くだけを見て解けないか判別
タイムマネジメントに関しては、詳しくは153ページのコラムに書きましたが、Part 5に使えるのは10分。つまり、1問あたり20秒です。ですから、省エネで解ける問題は省エネで解くのが鉄則です。
テスト1の55番を例にとります。
Kai Truong signed up for a new online course focused on creating ------- window displays.
(A) attracts　　(B) attractive　　(C) attraction　　(D) attracted
1. まずは選択肢を見て、品詞問題だと把握
2. 空所の近くだけ見て解けないか判断。名詞の前に空所があるので、形容詞を入れる
3. –iveで終わるのが形容詞なので(B)が正解
このようなルートで「素早く正確に解く」ことを心がけましょう。
Part 6でも、品詞問題は独立型の問題なので同様に解けます。

Half Test 1

Half Test 2

Half Test 3

August 2

Mr. P. Sarkissian
Manager, Qualt Grill
555 Louisiana Drive
San Diego, CL 70329

Dear Mr. Sarkissian,

I am writing to you in my role as this year's head of the Louisiana Drive Residents' Association. In the course of last week's residents' meeting, the topic of your restaurant was -------. **71.** The association has always appreciated your efforts to work with us in solving small problems. -------. **72.**

On this occasion, it ------- **73.** that garbage bags from your establishment are being left on the curb late at night instead of in the morning. This attracts birds and mice. We would therefore like to ask that you kindly take out your garbage no earlier than 6:00 A.M., ------- **74.** stated in the residents' handbook.

Thank you for your cooperation.

Rebecca Gleese
Chairperson, Louisiana Drive Residents' Association

問題71から74は次の手紙に関するものです。

8月2日
P. Sarkissian 様
Qualt Grill マネージャー
Louisiana大通り555番地
San Diego, CL 70329

Sarkissian 様

今年のLouisiana大通りの自治会長という役割からお手紙を差し上げます。先週の自治会の会議中に、そちらのレストランに関する議題が持ち上がりました。自治会では、貴殿が小さな問題を解決するためにご尽力いただいていることに常に感謝しています。＊例えば、外の騒音問題は迅速に対処されました。

今回、そちらの建物から出されたゴミ袋が、朝ではなく夜遅くに縁石のところに残されているということが挙げられました。これは鳥やネズミを引き寄せます。それゆえ自治会は、居住者の手引きにある通り、どうか午前6時より前にゴミを出さないようお願いいたします。

ご協力ありがとうございます。

Rebecca Gleese
Louisiana大通り自治会　自治会長

71.　正解▶ B　R4

- [ ] (A) carried forward
- [ ] (B) brought up
- [ ] (C) taken out
- [ ] (D) made off

句動詞を選ぶ問題。In the course of last week's residents' meeting, the topic of your restaurant was -------. なので、「話題に上がる」という意味のものを選ぶ。(B) brought up が正解。bring up は「(話題などが)持ち上がる」の意味。

（選択肢訳は下記を参照）

ポイント　句動詞の意味

不正解選択肢の carry forward（前進する）、take out（取り出す）、make off（急いで逃げる）の意味なので覚えておこう。この文に入れても文意が通らない。

72.　正解▶ A　R3

- [ ] (A) For example, the outside noise issue was dealt with promptly.
- [ ] (B) Therefore, please clean it up as soon as possible.
- [ ] (C) However, these have still not been addressed.
- [ ] (D) As a result, I need to cancel my booking for Friday.

どの選択肢も接続副詞で始まっている。空所の前の文と、接続副詞、その後ろの節で文意がつながるものを選ぶ。空所の前に The association has always appreciated your efforts to work with us in solving small problems. という文があるので、小さな問題が解決された例を述べている (A) が正解。

(A) 例えば、外の騒音問題は迅速に対処されました。
(B) それゆえ、それをできるだけ早く片付けてください。
(C) しかしながら、それらは未だに対処されていません。
(D) 結果として、金曜の予約をキャンセルする必要があります。

ポイント　文選択詞問題は定冠詞と代名詞を見る

例えば (B) の it、(C) の these を指すものが空所よりも前に「読み手と書き手の共通認識」として示されていなければならない。選択肢に含まれる定冠詞や代名詞のほか、空所より後ろにある文の定冠詞や代名詞もヒントになる。また、この問題では選択肢の接続副詞（therefore など）も大きなヒントになる。

73.　正解▶ D　R3+R5

- [ ] (A) is noting
- [ ] (B) notes
- [ ] (C) will be noted
- [ ] (D) was noted

it ------- that garbage bags from your establishment are being left on ... の空所に入る動詞を入れる。空所より前の1段落目は自治会の会議で上がっている問題の話。今回そこでゴミ袋の件についてすでに話題に上がっていることがわかるので、過去形である (D) が正解。it は仮の主語で、that 以下のことが挙げられた、と考えるとよい。

(A) note の現在進行形　(B) note の三人称単数現在形
(C) note の受動態で未来形　(D) note の受動態で過去形

ポイント　時制問題は「文脈型」

Part 6 の時制の問題は、「文脈型」であることが多い。「文脈型の時制の問題」は、時制のヒントが空所を含む文以外にある。

74.　正解▶ D　R4

- [ ] (A) by
- [ ] (B) from
- [ ] (C) with
- [ ] (D) as

------- stated in the residents' handbook. の空所に当てはまる前置詞を入れる。「居住者の手引きにある通り」とすると文意が通るので、(D) as（〜のように）が正解。

(A) 〜によって　(B) 〜から
(C) 〜とともに　(D) 〜のように

ポイント　前置詞問題は「独立型」

Part 6 においても前置詞は必ず「独立型」で、Part 5 と同様、1文だけ読めばわかる。前置詞そのものの意味を問う問題の場合、空所の後ろにある前置詞の目的語がポイント。

- [ ] role 名 役割　[ ] residents' association 自治会　[ ] appreciate 動 〜に感謝する　[ ] occasion 名 場合、機会
- [ ] garbage 名 ゴミ　[ ] curb 名 (歩道の)縁石　[ ] mice 名 ネズミ (mouse の複数形)　[ ] be stated 書かれている
- [ ] cooperation 名 協力　**72.** [ ] issue 名 問題　[ ] promptly 副 すみやかに　[ ] address 動 対処する　[ ] as a result 結果として
- **73.** [ ] note 気に留める、注意する

Questions 75-77 refer to the following advertisement.

Auction of huge selection of retail stock

Organized by M&H Clearances, Inc.
Friday, 30 November, 5:30 P.M.-8:00 P.M.
Maltman Halls, 97 Garner Way

All items are unused and still in their original packaging.
The stock is from bankrupt businesses and must be sold on the day.
To be sold in bulk packages only. 75(C)

Admission costs $10, 75(A) payable at the door. It is advisable to come
at least 30 minutes early, as the auction hall often fills up quickly. 75(B)
There is ample parking for cars and goods vehicles.
Visit our Web site at www.mhclearances.org to see all auction listings. 76(D)

Lots include:

- Children's apparel — including one package of 250 girls' T-shirts with a retail
  price of $2,900 77(B)
- Hand-held electronics — mobile phones and tablets sold in lots of 10 items 77(A)
- Office desks, chairs, and cabinets — ideal for a new business or a retailer 77(C)
- Sporting goods — branded footwear and games equipment available at large
  discounts 77(D)

問題75から77は次の広告に関するものです。

豊富な品ぞろえの小売在庫品オークション
M＆Hクリアランス社主催
11月30日 金曜日、午後5時30分〜 午後8時
Garner通り97番地　Maltmanホール

全商品とも未使用でオリジナルパッケージに入ったままです。
倒産した会社の在庫品で、当日中に売る必要があります。
まとめ売りのみとなります。

入場料10ドルは入口でお支払いください。オークションホールはすぐに満員になりますので、
少なくとも30分前にお越しになることをお勧めします。車と貨物用車のための広い駐車場があります。
全オークション品のリストについては当社のウェブサイト www.mhclearances.org をご覧ください。

商品には次のようなものがあります。
・子ども用衣料 – 1パッケージに女児用Tシャツ250枚入りで小売価格2,900ドル
・小型家電製品 – 携帯電話とタブレットを10個ひと組で販売
・オフィス用デスク、いすとキャビネット – 新しい会社や小売店に最適
・スポーツ用品 – ブランド物シューズと競技用用具を大幅値引き

88.　正解 ▶ A　R2

What is stated about the pool?

- ☐ (A) It is located in a historic building.
- ☐ (B) It will soon shut down.
- ☐ (C) It is the largest in the city.
- ☐ (D) It features a number of water slides.

1段落目の2文目に安全上の懸念のためプールが閉鎖されたこと、3文目に1923年に建築された主構造がそのまま保たれたことが述べられている。よって(A)が正解。

誤答 プールはすでに閉鎖されているので、(B)は不正解。(C)と(D)に関しては述べられていない。

プールについて何が述べられていますか。

(A) 歴史的な建物の中に位置している。
(B) すぐに閉鎖する。
(C) 市の中で最も大きい。
(D) いくつかのウォータースライダーを呼び物にしている。

ポイント　選択肢参照型

What is stated/suggested/mentioned/ implied ...のような設問は「選択肢参照型」と呼ばれ、選択肢が全て文になっており、1つずつ選択肢の内容をチェックする必要がある。解くのに時間がかかるタイプの問題。

89.　正解 ▶ A　R3

When can citizens view the plans?

- ☐ (A) In February
- ☐ (B) In April
- ☐ (C) In May
- ☐ (D) In December

計画について述べられているのは3段落目の2文目。Images and plans for the new center will be on public display later this monthとあるので、公開されるのはこの月の終わり。記事が書かれたのが2月12日なので、公開されるのは2月の終わりだとわかる。(A)が正解。

市民はいつ計画を見ることができますか。

(A) 2月　　　　(B) 4月
(C) 5月　　　　(D) 12月

ポイント　ヒントが散らばった問題

「今月末公開される」の今月がいつか、というのは記事の書かれた日が何月かを見る。このように、Eメールや手紙の書かれた日付が問題を解くヒントになる場合がある。

90.　正解 ▶ B　R2

What does Mr. Weber hope will happen?

- ☐ (A) Many people will attend the event.
- ☐ (B) Entry prices will remain low.
- ☐ (C) He will be able to find a job at the facility.
- ☐ (D) The plans will be changed.

4段落目の最後の文でWeberさんがI hope the new facility will continue to offer cheap entry for retired peopleと述べている。よって(B)が正解。

誤答 (A)、(C)、(D) に関しては述べられていない。

Weberさんは何が起こることを希望していますか。

(A) イベントにたくさんの人が出席する。
(B) 入場料金が低いままである。
(C) その施設で彼が仕事を見つけられる。
(D) 計画が変更される。

ポイント　人物の発言

記事問題で意見を述べている人物が出てきた場合、コーテーションマークで囲まれた発言に注目。この場合も、Weberさんの発言の中にヒントがある。

87. ☐ rebuilding 图 改築、改装　**88.** ☐ be located in 〜にある　☐ historic 形 歴史的な、由緒ある　☐ feature 動 取り上げる
90. ☐ remain 動 〜のままである

文法の参考書の選び方

スコアシートのアビメR5が文法問題です。文法問題が苦手な人、あるいはリーディング全体のスコアが伸びない人は、文法の復習がおすすめです。とはいっても、中高の参考書をもう一度読み直すのは時間がかかり、TOEIC対策としては効率も悪いです。今回は文法の参考書の選び方をお教えしましょう。

文法の参考書は、実は2種類あります。「ルールを覚える本」と「演習のための本」です。ここで参考書を使う順番を間違えると遠回りになってしまいます。

1. まずはルールを覚える

よくやりがちなのは、最初に分厚い演習問題を買ってしまうことです。演習問題は、バッティングセンターやゴルフの打ちっ放しだと思ってください。まずはルールを覚えないと試合で勝つことはできません。

ᕯ おすすめルール本
1. TOEIC® TEST 英文法出るとこだけ！（小石裕子・著　アルク）
2. TOEIC® テスト 中学英文法で600点（小石裕子・著　アルク）
➡ 買う前に必ず「一度手にとってみる」ことをお勧めします。「英文法出るとこだけ」は薄めの本、「中学英文法で600点」は厚いけれど解説が丁寧です。いずれかの本を「丸ごと」覚えてください。（プラス1行くらい）

この2冊の本が難しすぎる方は
3. TOEIC® L&Rテスト英文法　ゼロからスコアが稼げるドリル（高橋恭子・著　アルク）
➡ こちらを先に仕上げてから1.か2.の学習に進んでください。

2. ルールを覚えたらひたすら演習

ルールの本を丸ごと覚えたら、演習をやってみましょう。**このときに大切なのは「根拠を考えながら解く」**ことです。正解が正解である理由のほか、残り3つが不正解なのはなぜなのかまで考える癖をつけましょう。
まずはじっくりと考えて正解すること。スピードは演習をするうちに後から付いてきます。

ᕯ おすすめ演習本
1. 公式TOEIC® Listening & Reading問題集（国際ビジネスコミュニケーション協会）
➡ 本番と同じように、1回分のPart 5を10分計って解いてみましょう。
2. 1駅1題　新TOEIC® TEST文法 特急（花田徹也・著　朝日新聞出版）
3. TOEIC® L&R テスト　文法問題でる1000問（TEX加藤・著　アスク出版）

おすすめ 学習法

リーディング問題のタイムマネジメント―塗り絵OK！

リーディングセクションで大事なのが「タイムマネジメント」です。リーディングセクションは全部で75分ですが、**Part 5: 10分、Part 6: 10分、Part 7: 55分**を必ず守ってください。Part 5, 6は「知識を問う問題」なので、事前の学習が全てです。一方で、Part 7は「読解問題」なので、時間さえあれば正解できる可能性があるためです。

1. タイムマネジメントがうまくいく方法

2つの方法があります。どちらかを選んでやってみましょう。

(1) リスニングセクションが終わる時間に、必ず時計を見る。そして**Part 5から順番に解き、20分後は「どんなに後ろ髪を引かれても」Part 7に行く。**
　　公開テストはいつも13時にスタートなので、13時46分にリスニングが終わります。14時6分になったらPart 7に行くこと。リスニングが45分や47分のときはそれに 応じて。IPテストの場合はスタート時間がバラバラなので、必ずリスニング終わりの時間をチェック。

(2) リスニングセクションが終わる時間に、必ず時計を見るのは同じ。そして**先にPart 7を解き、55分後にPart 5に戻る。**この場合も、必ずPart 5, 6に20分残しましょう。

ただし、ぶっつけ本番でやらずに、タイムマネジメントも模試で練習しましょう。（注意：**本書の模試は実際の半分の問題数なので、(1) の場合はPart 5, 6 を11分30秒で解く　(2) の場合は、26分後にPart 5, 6 を解くようにしましょう**）

2. 時間が全然足りない人に

Part 7の塗り絵（適当にマークすること）をしてしまう方。「時間が全然足りない」と悩んでいませんか。**初級、中級のあなた。時間が足りなくて当たり前です。**なぜなら、様々なレベルの人が同じ試験を受けるTOEIC® L&Rテスト。おそらく、塗り絵をせずに根拠を持って正答を選べているのは「860点から900点レベル以上の人のみ」です。**600点を目指す方はPart 7は「半分をじっくり正確に」解く**こと、**730点を目指す方：Part 7は7割を「じっくり正確に」解く**こと。あとは塗り絵でOKです。

例えば、L350とR250でトータル600を狙うのであれば、Part 7では27/54が稼げればよいので（詳しくは152ページ参照）、SP（シングルパッセージ）の29問が解ければよいということになります。ただ、SPの後ろに記事問題など読みにくいパッセージがあれば、飛ばして（マークミスに注意）DPを解きましょう。全体で半分が解ければ600は狙えます。

リーディングのアビメのうち、R1, R2, R3がPart 7に相当します（R3の一部にはPart 6も含まれる）。つまり、54問中20問塗り絵をしても、解いた問題を正解できた人のアビメはR1-R3が63％程度になるはず（p. 36参照）。20問塗り絵をしても600は狙えるので、まずは正確に読むことに注力しましょう。

(1) の場合の時間配分例（本番テスト用）

13:00		13:46	13:56	14:06		15:01
Part 1-4		Part 5	Part 6		Part 7	

Half Test 3 Listening Section　解答と問題タイプ一覧

あなたの解答を記入し、正解したら印をつけるか、色を塗りましょう。（P.8参照）　　受験日：　　年　　月　　日

Part	問題番号	正解	あなたの答え	L1	L2	L3	L4	L5	正解必須問題
Part 1	1	C				L3			✿
	2	D				L3			
／3問	3	C		L1					✿
Part 2	4	C				L3			
	5	A				L3			✿
／11問	6	C		L1				L5	
	7	A				L3			
	8	B				L3			✿
	9	B		L1				L5	
	10	C		L1				L5	
	11	A				L3			
	12	C		L1				L5	
	13	B				L3			
	14	B				L3			✿
Part 3	15	A					L4		
	16	D					L4		
／21問	17	C					L4		
	18	C			L2				✿
	19	D					L4		
	20	C					L4		
	21	A					L4		
	22	C					L4		
	23	B					L4		
	24	B					L4	L5	
	25	D					L4		
	26	A					L4		
	27	B					L4		
	28	C					L4		
	29	B					L4		
	30	C			L2				
	31	C					L4		
	32	A					L4		
	33	D			L2				
	34	B					L4		
	35	D					L4		
Part 4	36	A			L2				✿
	37	B			L2				
／15問	38	C					L4		
	39	C			L2				
	40	B					L4	L5	
	41	A					L4		
	42	C			L2				
	43	A			L2				
	44	D					L4		
	45	B			L2				
	46	D					L4		
	47	A					L4		
	48	B			L2				
	49	D					L4		
	50	B					L4		

正答数合計 [　　　　　　　]

問題タイプ

L1：短い文・会話の要点・推測
L2：長めの会話・説明文の要点・推測
L3：短い文・会話の詳細理解
L4：長めの会話・説明文の詳細理解
L5：フレーズや文から暗示される意味の理解

Memo

全体正答数	／50
参考スコア＊	

＊P.214参照

	L1	L2	L3	L4	L5
A. 問題合計	5	10	9	26	6
B. 正答合計					
C. 正答率（B／A）	％	％	％	％	％

下のグラフに自分の正答率を書き入れましょう。

項目別正答率

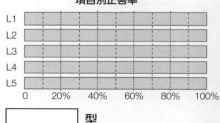

L1
L2
L3
L4
L5
0　　20％　　40％　　60％　　80％　　100％

[　　　　]型

＊アビメ占いのページで、自分のタイプを把握しましょう。（P.32-36参照）

Half Test 3 Reading Section　解答と問題タイプ一覧

あなたの解答を記入し、正解したら印をつけるか、色を塗りましょう。（P.8参照）　　受験日：　　　年　　　月　　　日

Part		正解	あなたの答え	問題タイプ R1	R2	R3	R4	R5	正解必須問題
Part 5	51	B						R5	
	52	D					R4		
／16問	53	C					R4		✿
	54	A						R5	✿
	55	B					R4		
	56	C						R5	
	57	A						R5	
	58	D					R4		
	59	B						R5	
	60	D						R5	
	61	A					R4		
	62	A					R4		
	63	B						R5	
	64	B						R5	
	65	A					R4		
	66	B						R5	✿
Part 6	67	C						R5	✿
	68	A				R3			
／8問	69	B				R3	R4		
	70	D					R4		✿
	71	B						R5	
	72	D				R3			
	73	C				R3	R4		
	74	C				R3		R5	
Part 7	75	D		R1					
	76	C			R2				
／26問	77	C			R2				
	78	D			R2				
	79	C				R3			
	80	B				R3			
	81	A			R2				
	82	D			R2				
	83	C			R2				
	84	C			R2				
	85	A			R2				
	86	C		R1		R3			
	87	B		R1		R3			
	88	C		R1					
	89	A		R1					
	90	B			R2				
	91	A			R2				
	92	B		R1					
	93	B			R2				
	94	A				R3			
	95	C			R2				
	96	A				R3			
	97	C			R2				
	98	D					R4		
	99	A				R3			
	100	B			R2				

正答数合計 ☐☐☐☐☐☐

問題タイプ

R1	文書の内容をもとに文脈を推測
R2	文書の詳細情報を理解
R3	1つまたは複数の文書の情報を関連付ける
R4	語彙の意味・用法
R5	文法

Memo

全体正答数	／50
参考スコア＊	

＊P.215参照

	R1	R2	R3	R4	R5
A. 問題合計	6	14	12	10	12
B. 正答合計					
C. 正答率（B／A）	%	%	%	%	%

下のグラフに自分の正答率を書き入れましょう。

項目別正答率

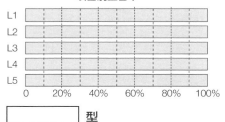

☐☐ 型

＊アビメ占いのページで、自分のタイプを把握しましょう。（P.36-39参照）

正解と解説を確認したら、音声を一文ずつ止めながら聞いて音読しましょう。

1. 🎧091 🇺🇸 W　正解▶ C　L3 ✿

- ☐ (A) She's holding a paintbrush.
- ☐ (B) She's sweeping a street.
- ☐ (C) She's cleaning around a building.
- ☐ (D) She's going through the main entrance.

- (A) 彼女は刷毛を持っている。
- (B) 彼女は通りを掃いている。
- (C) 彼女は建物の周りを掃除している。
- (D) 彼女は主玄関を通っている。

人物の動作を答える問題。ホウキを持って掃く動作をしているので、(C)が正解。
誤答 sweep（掃く）という単語は重要語ではあるが、掃いている場所が道ではないため、これは不正解。

- ☐ paintbrush 图 絵筆、塗装用の刷毛
- ☐ sweep 動 掃く、掃除する
- ☐ main entrance 主玄関

ポイント　人物が1人の写真
人物が1人だけ写っている写真では、その人物の動作や身につけているものがポイント。(B)の誤答のように、一部だけが違っている不正解の選択肢もあるので注意。

2. 🎧092 🇨🇦 M　正解▶ D　L3

- ☐ (A) Taxis are dropping off some passengers.
- ☐ (B) Some lines are being repainted.
- ☐ (C) The vehicles are parked side by side.
- ☐ (D) Cars are lined up at the side of the road.

- (A) タクシーが乗客を数人下ろしている。
- (B) いくつかの線が再塗装されているところだ。
- (C) 車が隣同士に駐車されている。
- (D) 車が道の側に並んでいる。

車が道沿いに縦に並んで止まっているので、その様子を表した(D)が正解。**人が写っていない写真なので、人が写っていないと正解にならない選択肢を選ばないことが大切。**
誤答 (A)はpassenger（乗客）という単語があるので不正解。また、(B)は受け身の進行形なので動作をしている人が写っていなければ不正解。(C)のside by sideは「隣り合って」の意味。車は縦に並んでいて、隣り合って駐車してあるわけではないので不正解。

- ☐ drop off 降ろす、下車する
- ☐ passenger 图 乗客
- ☐ repaint 動 再塗装する
- ☐ vehicle 图 車
- ☐ side by side 隣り合って
- ☐ be lined up 並んで

ポイント　人が写っていない写真
人が写っていない写真では、主語が人である選択肢や、受け身の進行形は不正解。

3. 🎧093 🇨🇦 M　正解▶ C　L1 ✿

- ☐ (A) Some people are chatting in the classroom.
- ☐ (B) A group is seated around a table.
- ☐ (C) A woman is giving a presentation.
- ☐ (D) A screen has been taken down.

- (A) 数人が教室でおしゃべりしている。
- (B) 1つのグループがテーブルの周りに座っている。
- (C) 女性がプレゼンをしている。
- (D) スクリーンは降ろされている。

室内でモニターの前に立つ女性が、席に座っている人に向かって何か発表しているので、(C)が正解。
誤答 数人の人物は写っているが、前を向いていて、おしゃべりはしていない。また、テーブルの周りには座っていないので、(A)と(B)は不正解。スクリーンは写っていない。

- ☐ chat 動 おしゃべりする
- ☐ be seated 着席する
- ☐ give a presentation プレゼンをする
- ☐ take down （上にあるものを）降ろす

ポイント　音声は推測する
写真で音は判断できないため、「プレゼンをしている」「電話をかけている」など、音がないと正解かどうか判断できない問題は、推測が必要。消去法で解くのも良い。

54.

正解 ▶ **A** R5 ✿

Mr. Garnad in Human Resources knows assistance from Director Hueng is always available if ------- needs it.

- ☐ (A) he
- ☐ (B) his
- ☐ (C) him
- ☐ (D) himself

人事部のGarnadさんは、必要があればHueng部長の支援がいつでも受けられると知っている。

代名詞の問題。「彼」を指す選択肢が並んでいるので、格を問う問題だと判断する。**if節の主語に当たる部分が空所なので、主格を選ぶ。**よって(A) heが正解。目的語が欠けていれば目的格、後ろにある名詞を指す場合は所有格を入れる。

☐ human resources　人事部
☐ available　形 利用できる、入手できる

ポイント　格を問う問題は文構造を見る

代名詞の問題は、この問題のように格を問う問題と、格の同じものが選択肢に並んでいて意味を問う問題の2種類がある。

55.

正解 ▶ **B** R4

As Dr. Coulthard had to leave the training early yesterday, Ms. Markem took over the session for the ------- of the day.

- ☐ (A) progression
- ☐ (B) remainder
- ☐ (C) service
- ☐ (D) collection

昨日、Coulthard博士はトレーニングを途中で抜けなければならなかったので、Markemさんがその日の残りのセッションを引き継いだ。

「Coulthard博士はトレーニングを途中で抜けなければならなかったので、Markemさんがその日の〜のセッションを引きついだ」にいれて文意が通る名詞を入れる。remainder（残り）を入れると文意が通る。よって(B)が正解。

☐ take over　引き継ぐ
☐ progression　名 進歩
☐ remainder　名 残り、残り物

ポイント　スペルの似た単語と間違えないように

remainderはreminder（思い出させるもの）とスペルが似ているので注意。動詞のremain（〜のままでいる）、remind（思い出す）も合わせて復習しよう。

56.

正解 ▶ **C** R5

Mr. Lee asked his assistant that the report to the supervisor ------- ready by Friday at the latest.

- ☐ (A) were
- ☐ (B) has been
- ☐ (C) be
- ☐ (D) are

Leeさんは秘書に、上司への報告書を遅くとも金曜日までに準備するように依頼した。

「依頼、提案、命令を表す動詞がthat節を後ろに取るとき、動詞は原形」というルールを問う文法問題。この文では「依頼する」という意味のaskがthat節の前の動詞であることに気づくのが最大のポイント。that S (should) Vのように、助動詞shouldが省略されているので、thatの後ろの主語が何であれ動詞の原形を入れる。よって(C) beが正解。

☐ be ready　用意ができている
☐ at the latest　遅くとも

ポイント　依頼・提案を表す動詞とthat節

他に、suggest、propose、recommendなどもこのタイプの動詞。「後ろにthat節をとるとき動詞は原形」がポイント。suggest 〜ingのように、動名詞を目的語に取ることもあるので注意が必要。動詞の形問題で、that節の後ろに動詞を入れる場合は、thatの前の動詞を必ず確認すること。

57. 　　　　**正解 ▶ A** 　R5

The panel of buyers at Fenwrite stores found the product presentation by Mr. Su on Friday very -------.

☐ (A) persuasive 　　　　☐ (B) persuaded
☐ (C) persuasion 　　　　☐ (D) persuasiveness

Fenwrite店のバイヤーのグループは、Suさんから金曜に受けた製品のプレゼンが説得力のあるものだと思った。

findの用法を問う問題。find＋O＋Cで「OがCだと気づく」の意味になる。ここでfindの目的語はthe product presentationで、by Mr. Suはプレゼンをした動作主、on Fridayは日時を表す修飾語。つまり、補語にあたる形容詞が空所には必要だと判断できる。よって (A) persuasiveが正解。findは「〜を見つける」のほか、「OをCだと気づく」の意味でこのようにSVOCの第5文型を取ることがある。

☐ panel 图 (何かをするために選ばれた)小グループ
☐ product presentation 　製品のプレゼン
☐ persuasive 形 説得力がある
☐ persuasion 图 説得
☐ persuasiveness 图 説得力

ポイント　空所の後ろに主語と動詞があれば、接続詞
make+O+C「OをCにする」も同様に第5文型を取る。こちらも頻出なので要チェック。

58. 　　　　**正解 ▶ D** 　R4

Venton Bank includes in its package for small businesses free ------- access to a team of financial advisors.

☐ (A) promising 　　　　☐ (B) directional
☐ (C) fluent 　　　　☐ (D) unlimited

Venton銀行の中小企業向けの商品は、財務アドバイザーのチームに回数制限なし、無料で相談ができる。

free ------- accessの空所に入る語彙を選ぶ。ここでのaccessは「利用する権利」の意味。「無料、〜でアドバイザーを利用できる」なので (D) unlimited（無制限で）を入れると文意が通る。よって (D) が正解。

☐ include 動 含む
☐ access to 　〜への権利
☐ financial advisor 　財務アドバイザー
☐ directional 形 方向の

ポイント　規則に関係する単語も覚えておこう
access（利用する権利）を修飾できる形容詞なので、fluent（流暢な）やpromising（有望な）はaccessを修飾しないと判断できる。また、（道などの）アクセスと勘違いして (B) directional（方向の）を選ばないこと。

59. 　　　　**正解 ▶ B** 　R5

Deng Zhelan was pleased to see that the $10,000 ------- five years ago in mutual funds had grown more than expected.

☐ (A) investor 　　　　☐ (B) invested
☐ (C) investment 　　　　☐ (D) invest

Deng Zhelanは、5年前に投資した1万ドルの投資信託が予想よりも大きくなったことを知り喜んだ。

品詞問題。that節の主語はthe $10,000で動詞がhad grownなので、mutual fundsまでが長い主部を作る。主語や動詞や目的語などの中に足りない要素がないので、the $10,000を後ろから修飾する語が入ると考える。名詞を修飾するのは形容詞。分詞は形容詞の役割ができるので、the $10,000 invested five years agoで「5年前に投資された1万ドル」と後ろから分詞が名詞を修飾していると考える。

☐ mutual fund 　投資信託
☐ grow 動 増える、大きくなる
☐ more than expected 　予想したよりも多い

ポイント　足りないパーツがなければ修飾語を入れる
品詞問題では、文に足りない要素があれば、まず文として成り立たせるために足りないものを入れる。足りないものがない場合は、修飾語を入れる。名詞を修飾するのは形容詞、名詞以外を修飾するのは副詞。分詞も名詞を修飾できるが、1語の場合は名詞の前、2語以上の場合は名詞の後ろから修飾する。

60. **正解** D R5

After breaking his laptop's keyboard, Pato Jerez was relieved to discover it was easily -------.

☐ (A) replaces ☐ (B) replacing
☐ (C) replacement ☐ (D) replaceable

彼のノートパソコンのキーボードが壊れたあと、Pato Jerez はそれが簡単に交換できると知り安心した。

空所を含む節の動詞はbe動詞wasなので、補語になる形容詞を入れる。**補語になれるのは形容詞か名詞**。ただし、空所の前に副詞easilyがあるので、この位置に名詞は入れられない。よって形容詞replaceableを選ぶ。(D)が正解。
誤答 replacingを入れると過去進行形になると考えられるが、その場合was replacing 名詞 のように、後ろに目的語が必要。

☐ laptop 图 ノートパソコン
☐ relieved 形 安心した
☐ discover 動 ～を発見する、知る
☐ replacement 图 交換、交換の品
☐ replaceable 形 交換可能な

ポイント be動詞の後ろに入れるのは
be動詞の後ろに空所がある場合、補語としての形容詞か名詞が入る場合と、現在分詞を入れて進行形にする場合、過去分詞を入れて受け身にする場合がある。前後の文脈を見てどれを入れるか判断する。

61. **正解** A R4

Work on the budget proposal has largely been completed, ------- the presentation slides, which will be done tomorrow.

☐ (A) except ☐ (B) about
☐ (C) instead ☐ (D) only

明日完成させる予定の発表のスライド以外、予算の提案書の仕事は概ね完成した。

後ろに名詞the presentation slidesがあるので、この位置には前置詞が入る。
前置詞(A) except、(B) aboutのうち、意味が通るのは「発表のスライド以外完成した」という意味になる(A) except。よって(A)が正解。
誤答 (C) insteadと(D) onlyは副詞なので、the presentation slidesの前に置くことができない。

☐ budget 图 予算
☐ proposal 图 提案
☐ complete 動 完成する
☐ except 前 ～を除いて
☐ instead 副 代わりに

ポイント 前置詞・副詞問題
前置詞は後ろに目的語として名詞を置くことができる。前置詞・接続詞の問題同様、選択肢の品詞がバラバラの場合は、まず文法知識で選択肢を絞るとよい。

62. **正解** A R4

Trainee journalists at Howestoft Publishing need to ------- a range of regulations before being able to work alone.

☐ (A) memorize ☐ (B) form
☐ (C) unite ☐ (D) symbolize

Howestoft Publishingの見習いジャーナリストは独りで仕事をすることができるようになる前に、広範囲の規定を覚えておく必要がある。

空所の位置には動詞が入るので、主語と目的語をチェック。「見習いジャーナリストは広範囲の規定を～する必要がある」の意味になるように動詞を選ぶ。memorize（～を覚える）を入れると文意が通るので、(A)が正解。
誤答 (B) form（～を形作る）、(C) unite（～を結合する）、(D) symbolize（～を象徴する）はそれぞれa range of regulations（広範囲の規定）を目的語にとると意味が通らない。

☐ trainee 图 見習い
☐ journalist 图 ジャーナリスト
☐ regulation 图 規定
☐ memorize 動 ～を覚える
☐ form 動 ～を形作る
☐ unite 動 ～を結合する

ポイント 主語、目的語にヒントがある
動詞を選ぶ語彙問題は主語と目的語をチェック。文意が通るものを選ぶ。

63. 　　　**正解** **B** [R5]

Compared to last year's visitor numbers to the Next-M Museum, this year's figures appeared to be a lot -------.

□ (A) best
□ (B) better
□ (C) good
□ (D) well

Next-M美術館の去年の来場者数と比べて、今年の数字ははるかによいと思われる。

空所前の動詞がbe動詞なので、補語になる形容詞を入れる。また、文を読むとthis year's figuresとlast year's visitorsを比較していることがわかるので、比較級の(B) betterが正解。be a lot betterで「〜よりずっとよい、はるかによい」の意味。
誤答 最上級の(A) best「最高の」、原級の(C) (D)はa lotとつながらない。

□ compare to 〜と比較する
□ museum 图 美術館、博物館
□ figure 图 数字
□ appear to be 〜であると思われる

ポイント numbersとfiguresは対応している
figureには様々な意味があるが、ここでは「数字」の意味。sales figures（売上高）などで頻出。

64. 　　　**正解** **B** [R5]

Saint Le-Juc's College needed extra ------- to cover for some staff who fell ill just before the main testing season.

□ (A) examinations
□ (B) examiners
□ (C) examined
□ (D) examining

Saint Le-Juc'sカレッジは、主要なテストシーズンの前に病気になったスタッフの代わりを務めるために、追加要員の試験官が必要になった。

空所に入るのは、needの目的語になる名詞。空所の後ろを読むと「スタッフの代わりを務めるための〜」に入るものが入ると判断できるので、空所に入るのは人を表す名詞。よって(B)試験官が正解。

□ extra 形 追加の
□ staff 图 スタッフ

ポイント 名詞にも人を表すものと、もの・ことを表すものがある
品詞問題で、名詞が2つ以上残った場合、今回のように意味で解く問題と、可算名詞か不可算名詞か、また可算名詞の単数形か複数形かが解くカギになる問題がある。

65. 　　　**正解** **A** [R4]

------- the end of the peak season each year, Bonning Hotel switches its focus to large catering events to maintain profitability.

□ (A) At
□ (B) In
□ (C) On
□ (D) Since

各年のピークシーズンの終わりに、Bonningホテルは、収益を維持するために、大規模なケータリングイベントに焦点を移す。

選択肢に並ぶのは前置詞。空所の後ろにあるのは前置詞の目的語になる名詞句。the end of the peak seasonの前に置く前置詞を選ぶので、(A) Atが正解。at the end of〜で「〜の終わりに」の意味。
誤答 in the end of the movieのように、後ろに来る名詞によってはinを使う場合があるが、seasonの前にはatを置くことに注意。

□ switch 動 切り替える
□ focus 图 焦点
□ maintain 動 維持する
□ profitability 图 利益、収益性

ポイント 前置詞の使い分け
in the morning、on Sundayのように名詞によって前置詞は変わるが、「日曜の朝に」になるとon Sunday morningになる。「morningにつくのはin」と覚えて置くとミスをしてしまうので、名詞と前置詞の組み合わせや使われ方を、普段英文を読むときから気をつけてチェックすること。

Part 6

72. 　正解 **D** R3

- ☐ (A) Please show your coupon at the entrance.
- ☐ (B) This year is the third year the event has been held.
- ☐ (C) You can get your free ticket by applying online.
- ☐ (D) The factory is next to the Hickory Apple Orchard.

(A) 入り口でクーポンを見せてください。
(B) 今年はイベントが行われて3年目です。
(C) オンラインでのお申し込みで無料のチケットがもらえます。
(D) その工場はHickoryりんご農場の隣にあります。

空所の前に工場見学が出来るという記述があり、(D)のThe factoryはその工場見学をする工場だと判断できる。
誤答 ticketは工場見学も含まれていると書いてあるが、(A)のcouponに相当する記述が空所の前にない。2段落目の最後に、市役所とオンラインで25ドルのチケットが買えると書いてあるので、オンラインなら無料という(C)も矛盾する。

ポイント　文選択問題の不正解選択肢
文選択問題は、不正解の選択肢も元の文に出てくる単語を使って書いてあるので、前後の文と繋がるものを選ぶのが大事。(B)は例えば1段落目の最後であれば文意が通るが、空所に入れると前後と繋がらない。

73. 　正解 **C** R3+R4

- ☐ (A) airport
- ☐ (B) late-night
- ☐ (C) complimentary
- ☐ (D) early

(A) 空港
(B) 深夜の
(C) 無料の
(D) 早い

どんなバスなのか、busesを修飾する形容詞の役割をするものを入れる問題。選択肢はいずれもbusを修飾できるが、空所の後ろの文を見ると、無料で15分おきに走るバスだとわかる。よってfree of charge（無料の）を言い換えた(C)が正解。
誤答 街中と農場を結ぶバスなので(A)は不正解。また、朝9時から午後4時まで走るバスなので(B)も不正解。

ポイント　文脈型の語彙問題
Part 6で出題される語彙問題は文脈型の可能性が高いので、空所の近くだけを見て答えないこと。1文だけを読んで、選択肢に2つ以上意味の通る語彙がある場合は、必ず前後にヒントがある。

74. 　正解 **C** R3+R5

- ☐ (A) It
- ☐ (B) We
- ☐ (C) They
- ☐ (D) He

(A) それは
(B) 私たちは
(C) それらは
(D) 彼は

主語に当たる部分が空所になっており、選択肢には主格の代名詞が並んでいる。空所に当たる部分が何を指すのか、前文を読む必要がある。この位置の主語は前文のshuttle busesを指すので、それを受ける(C)が正解。
誤答 バスは複数形で書いてあるので、(A)は不正解。

ポイント　代名詞も文脈型が出題される
代名詞の問題は、Part 5で出題されるときは必ず独立型だが、Part 6で出題される場合は文脈型の可能性があるので注意。代名詞に入れるものがどんな意味で、前の文の何を置き換えているのかを考える必要がある。

☐ organize 動 運営する　☐ promote 動 販売促進する　☐ region 名 地方　☐ take part 参加する　☐ purchase 動 購入する　☐ available 形 入手できる　☐ city hall 市役所　☐ allow 人+～ 人に～を許可する　☐ grower 名 生産者　☐ entry 名 入場する権利　☐ guided tour ガイド付きのツアー　☐ free of charge 無料で　**72.** ☐ apply online オンラインで申し込む　**73.** ☐ complimentary 形 無料の

Questions 75-76 refer to the following advertisement.

Ploughshare Farms presents
Veggies-in-a-box

Can't find the time to shop properly? Worried where your produce comes from? Let Ploughshare Farms provide you with a monthly box full of organic vegetables from a farm right here in California .76(D)

Subscribe and you can expect fresh corn, tomatoes, and different surprises each month on your doorstep. We know that not everyone has the land or time to grow their own vegetables ,75(D) but we all want to eat healthily — and you'll be supporting certified local farmers too!

10 kilogram box of a variety of vegetables: $45 per month
(Boxes can be either a random or customized selection)76(C)

Visit www.ploughshare-farms.com to order your first package.

問題75から76は次の広告に関するものです。

Ploughshare農場がお届けする
箱詰め野菜

買い物の時間をちゃんと取るのが難しいですか。農作物がどこから来るのかご心配ですか。Ploughshare 農場が、まさにここカリフォルニアから毎月箱いっぱいのオーガニック野菜をご提供します。

定期購買していただけば、毎月お宅の玄関先まで新鮮なとうもろこしやトマト、さまざまな驚きをお届けします。
全ての人が皆、自分で野菜を育てる土地と時間を持っているわけではないけれど、誰もが健康的な食生活をしたいと願っていることを、私たちは知っています。さらにあなたは、地域の認定農家をサポートすることにもなるのです。

種類豊富な野菜の詰め合わせ10キロ1箱：月45ドル
（野菜の選択はおまかせか特注のいずれかとなります）

初回パックのお申込みは、www.ploughshare-farms.comからどうぞ。

75. 　　正解 ▶ **D** 　R1

For whom is the advertisement most likely intended?

- ☐ (A) Gardeners
- ☐ (B) Food retailers
- ☐ (C) Dieticians
- ☐ (D) City residents

この広告はおそらく誰あてですか。

- (A) 植木屋
- (B) 食品小売業者
- (C) 栄養士
- (D) 都市居住者

「誰向けの広告か」が問われている。タイトルに「Ploughshare 農場がお届けする箱詰め野菜」とあり、本文には野菜の定期購買に関する説明と申込み方法が記載されている。5行目の on your doorstep（玄関先まで）や not everyone has the land or time（誰もが土地や時間を持っている訳ではない）という記述から、都市に住んでいる人向けだと推測できる。誤答 intend for は「〜に向けて」なので、「（広告を）誰が書いた」ではない。設問を読み間違うミスも多いので要注意。

ポイント **most likely の質問は推測で解く**

設問文に most likely がある場合、答えがハッキリとは書かれていないことが多いので、文書全体から判断しよう。

76. 　　正解 ▶ **C** 　R2

What is indicated about the boxes?

- ☐ (A) They are available in various sizes.
- ☐ (B) They come with cooking tips.
- ☐ (C) The contents can be chosen by the customer.
- ☐ (D) The vegetables are sourced nationwide.

詰め合わせについて何が述べられていますか。

- (A) さまざまなサイズのものが利用できる。
- (B) 料理のコツがついてくる。
- (C) 客が内容を選ぶことができる。
- (D) 野菜は国内全国から調達される。

箱詰めについては文書全体に記載があるので、選択肢と本文を照らし合わせて確認する必要がある。第3段落のカッコ内に either a random or customized selection（選択はおまかせか特注のいずれか）とあり、それを「客が中身を選ぶことができる」とした (C) が正解。箱のサイズ、料理のコツについては言及されておらず、第1段落最後に野菜はカリフォルニアから届けると書かれているので、(A)(B)(D) は不可。

ポイント **補足情報にも答えがある**

ウェブサイトの案内は、Visit our Web site at ... とウェブページのアドレスが書かれた後に、その理由が to +不定詞の形で付加されていることが多いので、理由にも注目しよう。

☐ veggies 名 野菜（＝vegetable) ☐ properly 副 きちんと ☐ produce 名 農産物 ☐ provide 動 提供する ☐ organic 形 有機栽培の ☐ subscribe 動 定期購買する ☐ doorstep 名 玄関先 ☐ land 名 土地 ☐ healthily 副 健康的に ☐ certified 形 認定された ☐ random 形 おまかせの ☐ customized 形 特別注文の **75.** ☐ gardener 名 植木屋 ☐ food retailer 食品小売店 ☐ dietician 名 栄養士 ☐ resident 名 住民 **76.** ☐ tip 名 ヒント、助言 ☐ content 名 内容 ☐ nationwide 副 全国的に

Questions 77-79 refer to the following schedule.

	Goosehead Community College 79(A)
	Computer Skills Seminar for Beginners
	Saturday, August 18
	$50 per person
9:30 A.M.	**Getting started** The world of computers can seem confusing for beginners. Your instructor will explain the types of PCs, how to purchase a suitable machine and how to do basic tasks like logging on and creating a file.
10:45 A.M.	**Sending your first email** Instructors will explain the process of setting up a free email account. You'll be shown how to send email and how to stay safe online.
11:55 A.M.	**Lunch time** Lunch will be held in the college's cafeteria and is included in the price of the seminar.
1:05 P.M.	**Communication software** Learn how to use messaging and video chat software to talk to family and friends. It's fun and simple to use. You'll be ready to start in just ten minutes!
2:40 P.M.	**Design a greeting card** Using common design software, students will work in pairs to make birthday or holiday cards .78(D) Your teacher will show you design templates and how to print your card, which you can take home.
	Please reserve a spot by calling 555-4930 .77(D) The college is close to Benham train station, or you can take the Number 41 bus .77(C) Parking is available.

問題77から79は次の日程に関するものです。

	Goosehead コミュニティカレッジ 初心者のためのコンピュータースキルセミナー 8月18日（土曜日） 1人50ドル
午前9:30	**はじめに** コンピューターの世界は、初心者にとってわかりにくいものです。PCのタイプや適切なマシンの買い方、ログオンやファイルの作り方などの基本的なタスクをインストラクターが説明します。
午前10:45	**はじめてのEメールを送る** 無料のEメールアカウントの設定の過程をインストラクターが説明します。Eメールの送り方や、オンラインで安全に利用するやり方をお見せします。
午前11:55	**昼食時間** 大学の食堂で昼食をとります。セミナーの代金に含まれています。
午後1:05	**コミュニケーションソフトウエア** 家族や友人と話すためのメッセージの送り方やビデオチャットソフトの使い方を学びます。楽しくて、使い方も簡単です。たった10分で利用できるようになります！
午後2:40	**挨拶状をデザインする** 一般的なデザインソフトを使って、生徒同士でペアを作って誕生日カードやホリデーカードを作ります。講師はデザインテンプレート、カードの印刷の仕方を見せます。カードは持ち帰れます。
	お席の予約は555-4930までお電話ください。大学はBenham駅そばです。または41番のバスでも来られます。駐車場もあります。

77.　　　正解 ▶ **C**　R2

What is true about the Computer Skills Seminar for Beginners?

- ☐ (A) It focuses on using laptop computers.
- ☐ (B) The classes are for college students only.
- ☐ (C) The venue is convenient for people using public transportation.
- ☐ (D) People must register via an online form.

初心者のためのコンピュータスキルセミナーについて正しいことは何ですか。

(A) ノートパソコンの利用に焦点を当てている。
(B) 大学生のクラスのみである。
(C) 公共の交通機関を利用するのに便利な場所にある。
(D) オンラインフォームを通じて申し込まなければならない。

表の一番下の段、2文目にThe college is close to Benham train station, or you can take the Number 41 bus.とあるところから、公共交通機関で来られる場所にあると判断できる。(C)が正解。
誤答▶ 9時半からスタートのクラスでパソコンの選び方についての講義はあるが、ノートパソコンに焦点を当てているわけではない。(A)は不正解。(B)(D)についての記述はない。

ポイント　**Part 7の不正解の選択肢って？**

Part 7の不正解の選択肢は「書かれていない」「間違っている」のいずれか。本文をきちんと読めていない人が不正解の選択肢に引っかかるように作られている。特に「書かれていない」ことを勝手な解釈で正解だと思い込んでしまう人は注意。

78. **正解** D R2

What time will participants work together?

☐ (A) From 9:30 A.M.
☐ (B) From 10:45 A.M.
☐ (C) From 1:05 P.M.
☐ (D) From 2:40 P.M.

設問の**work together**がポイント。2:40からの講義で students will work in pairsと書いてあるので、ペアワーク、つまり参加者同士が一緒にワークに取り組むのはこの講座だとわかる。(D) が正解。

参加者が一緒に取り組むのは何時ですか。
(A) 午前9:30から
(B) 午前10:45から
(C) 午後1:05から
(D) 午後2:40から

ポイント 時間割の問題
会議やセミナーなどの予定表の内容を読んで解く問題。設問をきちんと読んだ上で理解し、時間割を丁寧に読むこと。

79. **正解** C R3

What is NOT indicated about the seminar?

☐ (A) It will be held at a community college.
☐ (B) It will have some classes for beginners.
☐ (C) It will take place over four days.
☐ (D) It will use various kinds of software.

NOT問題なので、記載されていることを3つ見つける。(A) は冒頭のタイトル1行目に開催地が記載されている。(B)はタイトル2行目や、Getting Startedの1行目にbeginnersという単語が含まれている。(D)はCommunication Software の messaging and video chat softwareと、Design a greeting cardのdesign softwareから判断できる。よって (C) が正解。

セミナーについて示されていないことは何ですか。
(A) コミュニティカレッジで開催される。
(B) 初心者向けのクラスがいくつかある。
(C) 4日間にわたって開催される。
(D) 様々な種類のソフトウエアを使う。

ポイント 選択肢参照型のNOT問題
indicated / suggested / impliedなどが設問に入った「選択肢参照型」問題にNOTが入ると、読解力と読むスピードが問われる高い難易度の問題になる。解くのに時間がかかりすぎる場合、本番では飛ばすのも作戦の一つ。

 解答のヒント Part 7の不正解の選択肢について

Part 7の不正解の選択肢は
1. 選択肢の内容（の一部）が間違っている
2. 文書に書かれていない
この2つです。
1の間違っている選択肢ですが、特に内容の一部が間違っていることに気づかず、慌てて選んでしまうのが不正解の理由です。一方で2の「書かれていない」は、自分で勝手なストーリーを作ってしまった人用の不正解の選択肢です。勝手なストーリー展開をした人向けのトラップが選択肢には潜んでいると思ってください。
文書の内容をきちんと精読する（コラム81ページ参照）トレーニングをし、選択肢そのものの内容もきちんと読みましょう。選択肢の読み間違いで、正解のつもりが不正解を選んでしまう人も多くいます。

研修の現場から

スコアアップ事例①：英語がすごく苦手なYさん

アビメを見て弱点をあぶり出し、スコアアップのためのトレーニングを伝授する「アビメ占い」を、これまで企業や大学で2000件以上行ってきました。

スコアアップをする人には共通点があります。それは「**言われたことを素直に実行する**」です。もう、これが全てといっても過言ではありません。3日間の集中講座で150点、200点アップの事例もありますが、それは3日間つきっきりで私がトレーニングをしたから。現実的ではないので、この本を使ってトレーニングした場合に参考になりそうな学習者の事例を、2つご紹介します。

Yさんは、全くTOEICを受けたことがない状態でした。最初に受けたTOEICのスコアアビメは以下の通りです。(スコアシートの見方はp. 30参照)

Listening: 170　　Reading: 120　　Total: 290

L1		40	R1	22
L2		47	R2	24
L3		44	R3	34
L4		35	R4	43
L5		27	R5	25

before

リスニングもリーディングも、低い位置での**ボックス型**です。とにかく、英語の基礎的な力が足りていない状況でした。タイムマネジメントも全くできておらず、最後大幅に塗り絵をしてしまったとのことでした。

この方へのアドバイスは、
1. **文法をまずやること**
2. **リスニングのトレーニング**
です。
このレベルの人も、まずは文法をやるのが鉄則です。文法の参考書の選び方に関しては142ページのコラム、文法問題の解き方に関しては66ページのコラムを、リスニングのトレーニングに関しては94、95ページのコラムをごらんください。また、**試験当日の時間配分も徹底**するように指導しました。(タイムマネジメントに関してはp. 153参照)

さて、3カ月後のYさんはどうなったでしょうか。

Listening: 270　　Reading: 210　　Total: 480

L1		69	R1	57
L2		89	R2	50
L3		47	R3	38
L4		47	R4	36
L5		40	R5	60

after

190点のアップです。R5に**文法**を頑張った結果が出ていますし、R1, R2, R3が伸びていますので、Part 7も以前に比べて落ち着いて解く時間が確保できています。リスニングに関しては、Part 2が伸びた結果がL1に、そしてPart 3, 4の「全体を問う問題」ができるようになった、つまり**話の流れを把握できるよう**になった結果がL2に出ています。Yさんはこの後も私の授業を受け続けていますので、最終的に800点を目指して学習中です。

Questions 80-82 refer to the following e-mail.

To:	Matthew Dawson ₈₀
From:	Lotte Mertens
Date:	12 September
Subject:	Forward Employment Agency

Hi Matthew,

It was a pleasure meeting with you again at the Eindhoven Exposition. 80(B) I enjoyed hearing about how your company is expanding into data input services and your experiences with using Forward Employment Agency to hire temporary staff.

As I mentioned, we at Escot Properties often need to hire people on short-term contracts. So due to your positive comments, I looked at Forward's Web site. I was impressed with the number of companies they deal with and their speed in providing staff. However, their commission rates are considerably higher than other employment agencies. 81(A) For that reason, we will stay with our current provider for now.

Thank you for your kind advice in the matter, and I hope to see you at the MAX-E business awards on the 25th. 82(D)

Lotte

問題80から82は次のEメールに関するものです。

宛先：	Matthew Dawson
送信者：	Lotte Mertens
日付：	9月12日
件名：	Forward人材派遣会社

Matthew、

Eindhoven展示会で、再びお会いできて嬉しかったです。あなたの会社がデータ入力サービスに進出していることと、臨時社員の雇用にForward人材派遣会社を使用しているという経験について楽しく話を聞きました。

お話ししたように、我々Escot Properties社では、頻繁に短期契約で人を雇用する必要があります。あなたの肯定的な意見を聞いて、Forwardのウェブサイトを見ました。社が取引している企業数と、社員を派遣するスピードには感心しました。しかし、彼らの手数料率は、他の人材派遣会社と比べてかなり高いですね。そのため、当社は今のところ現在の提供業者との取り引きを続けることにします。

この件について親切なアドバイスを、ありがとう。25日にMAX-Eビジネス賞表彰式で会えることを楽しみにしています。

Lotte

READING Section			
正答数	参考スコア	正答数	参考スコア
50	495	24	210
49	485	23	205
48	470	22	185
47	455	21	170
46	445	20	160
45	430	19	150
44	420	18	140
43	405	17	130
42	395	16	120
41	380	15	110
40	370	14	100
39	355	13	90
38	345	12	80
37	335	11	70
36	320	10	60
35	310	9	50
34	295	8	40
33	285	7	30
32	270	6	20
31	255	5	10
30	245	4	10
29	235	3	5
28	230	2	5
27	225	1	5
26	220	0	5
25	215		

600点目標なら
正答数30問以上を
目指しましょう。

Special thanks to:
西嶋諭一先生（金沢大学）

徳本さん、松崎さん、中津さん、熊谷さん、まるやまさん
（ネーミング協力「ピノキオ型」）

モニターテストにご協力いただいた皆様

はじめてのTOEIC® L&Rテスト ハーフ模試3回分

2020年2月22日　初版第1刷発行

著　者	長田いづみ
問題執筆	Michael Dunbar
発行人	天谷修身
英文校閲	Malcolm Hendricks
装　丁	岡崎裕樹
DTP・本文デザイン	株式会社創樹
編　集	影山洋子
ナレーション	Howard Colefield、Rachel Walzer、Rachel Smith、Iain Gibb、Brad Holmes、Jenny Silver、Mark Chinnery、Emma Howard
録音・編集	ユニバ合同会社
発　行	株式会社アスク出版
	〒162-8558　東京都新宿区下宮比町2-6
	電話：03-3267-6864（営業）
	03-3267-6866（編集）
	URL：https：//www.ask-books.com/
DTP・印刷製本	株式会社光邦

HALF TEST 1

全**100**問（Listening 50問、Reading 50問）
所要時間：63分

●準備するもの
・時計またはスマートフォンなど時間が測れるもの、鉛筆またはシャープペンシル、消しゴム
・巻末のマークシート用紙を1回分切り離して使用し、日付と開始時間、終了時間を記入してください。
・音声は、Track No. 006〜047までを使用します。

時間は必ずタイマーを設定し、制限時間が過ぎたら終了してください。

では、準備ができたらテストを開始しましょう。

LISTENING TEST

In the Listening test, you will be asked to demonstrate how well you understand spoken English. The entire Listening test will last approximately 25 minutes. There are four parts, and directions are given for each part. You must mark your answers on the separate answer sheet. Do not write your answers in your test book.

PART 1

Directions: For each question in this part, you will hear four statements about a picture in your test book. When you hear the statements, you must select the one statement that best describes what you see in the picture. Then find the number of the question on your answer sheet and mark your answer. The statements will not be printed in your test book and will be spoken only one time.

Statement (C), "They're sitting at a table," is the best description of the picture, so you should select answer (C) and mark it on your answer sheet.

27 Who is the man?

(A) A fitness trainer
(B) A travel agent
(C) A chef
(D) A doctor

28. What does the woman want to know?

(A) If she can have an earlier appointment
(B) If the meal is ready
(C) If the man received her information
(D) If her vacation plan is complete

29. What did the woman tell the man?

(A) She made an error.
(B) She has an injury.
(C) She already paid her bill.
(D) She needs more time.

30. Where most likely are the speakers?

(A) At a travel agency
(B) At an airport
(C) At a department store
(D) At a train station

31. What does the man imply when he says, "There are only clothes in there"?

(A) Nothing is likely to be damaged.
(B) He cannot find a document.
(C) It is not necessary to lock his suitcase.
(D) He is in the wrong store.

32. What is the man asked to do?

(A) Contact the company
(B) Ask another member of the staff
(C) Wait at the desk
(D) Complete a form

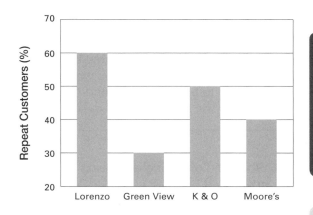

33. What field does the man work in?

(A) Food production
(B) Clothing retail
(C) Grocery store
(D) Software development

34. Look at the graphic. What company does the man work for?

(A) Lorenzo
(B) Green View
(C) K & O
(D) Moore's

35. What does the woman say she will do?

(A) Purchase some stock
(B) Cancel an order
(C) Negotiate a price
(D) Talk to an executive

GO ON TO THE NEXT PAGE →

Directions: You will hear some talks given by a single speaker. You will be asked to answer three questions about what the speaker says in each talk. Select the best response to each question and mark the letter (A), (B), (C), or (D) on your answer sheet. The talks will not be printed in your test book and will be spoken only one time.

36. What kind of business is being advertised?
(A) An outdoor shop
(B) A clothing shop
(C) A supermarket
(D) A café

37. Why is the event being held?
(A) To sell old stock
(B) To celebrate a store opening
(C) To mark an anniversary
(D) To promote a facility

38. What are listeners told to bring?
(A) A camera
(B) A membership card
(C) Proof of age
(D) Suitable clothing

39. What is the topic of the talk?
(A) New employees
(B) Improved sales performance
(C) Customer feedback
(D) Managers' proposals

40. What recently changed?
(A) A product range
(B) A model's price
(C) Working hours
(D) Safety guidelines

41. What will the listeners most likely do next?
(A) Go back to work
(B) Have lunch together
(C) Attend a presentation
(D) Review a decision

42. What is the purpose of the meeting?
(A) To introduce new salary rules
(B) To collect employee information
(C) To launch a reward program
(D) To explain a new entry system

43. Why is the change being made?
(A) Workers cannot start work on time.
(B) Security is currently too weak.
(C) Clients made negative comments.
(D) The company wants to keep employees.

44. Where are listeners asked to go?
(A) The building's main gate
(B) A customer's office
(C) An employee rest area
(D) A company department

45. What will happen on Saturday?

    (A) A bicycle sale

    (B) A sports performance

    (C) A nature walk

    (D) A safety training

46. What does the man mean when he says, "You can now even go straight to the airport"?

    (A) The airport now has extra parking spaces.

    (B) Maintenance work has finished.

    (C) A transport network has been expanded.

    (D) An airport shuttle service has been changed.

47. Who is Joanne Casey?

    (A) An instructor

    (B) A professional athlete

    (C) A city official

    (D) A bus driver

Catering Menu for Corporate Events	
Option	Price
Light bites	$18
Veggie platter	$25
Popular chicken	$32
Asian selection	$35

48. Why is the woman calling?

    (A) To give a total cost

    (B) To advertise her business

    (C) To confirm an order

    (D) To ask for a decision

49. Look at the graphic. What option is not available?

    (A) Light bites

    (B) Veggie platter

    (C) Popular chicken

    (D) Asian selection

50. What benefit does the woman mention?

    (A) Fast delivery

    (B) Free desserts

    (C) Discounts on large orders

    (D) Some drink samples

This is the end of the listening test. Turn to Part 5 in your test book.

READING TEST

In the Reading test, you will read a variety of texts and answer several different types of reading comprehension questions. The entire Reading test will last 38 minutes. There are three parts, and directions are given for each part. You are encouraged to answer as many questions as possible within the time allowed.

You must mark your answers on the separate answer sheet. Do not write your answers in your test book.

PART 5

Directions: A word or phrase is missing in each of the sentences below. Four answer choices are given below each sentence. Select the best answer to complete the sentence. Then mark the letter (A), (B), (C), or (D) on your answer sheet.

51. The inspection of Hummal Hotel has ------- a number of hygiene and safety issues which need to be resolved immediately.
(A) exposure
(B) expose
(C) exposed
(D) exposition

52. Please visit our Partos Bank Web site if you would like to apply ------- a credit card.
(A) about
(B) over
(C) on
(D) for

53. Attendees who have already completed registration forms are asked to put ------- in the blue box.
(A) they
(B) them
(C) their
(D) themselves

54. A construction on the central line at Charngate ------- a lot of disruption across Desten Trains' southern network.
(A) caused
(B) preferred
(C) introduced
(D) purchased

55. Kal Truong signed up for a new online course focused on creating ------- window displays.
(A) attracts
(B) attractive
(C) attraction
(D) attracted

56. We regret to ------- you that, due to incomplete documentation, your application for a Uzuri credit card was declined.
(A) expect
(B) inform
(C) provide
(D) identify

57. Work on a new automobile plant was able to begin after Mindon Corporation's plans ------- by the city planning department.
(A) to approve
(B) were approved
(C) approving
(D) are approving

58. XC Financial's Web site ran an article listing last year's most ------- new investment opportunities in Southeast Asia.
(A) concentrated
(B) accessible
(C) adequate
(D) profitable

59. Company representatives scheduled ------- presentations during the afternoon management meeting may use Room C12 to prepare.
(A) make
(B) making
(C) to make
(D) be made

60. Any problems with the alarm system should be reported to the maintenance department -------.
(A) currently
(B) recently
(C) promptly
(D) busily

61. Liang Yin will be ------- to the marketing department, where his job will involve considerably more traveling.
(A) considered
(B) submitted
(C) manufactured
(D) transferred

62. Jack Fenan of Al-Bhurat Architecture ------- presented their plans for the new marina complex in the competition.
(A) convinces
(B) convincing
(C) convinced
(D) convincingly

63. As head of customer service, it is Ms. Cussink's responsibility to ------- that hotel guests have a trouble-free stay.
(A) solve
(B) consider
(C) inform
(D) ensure

64. Nomass Couriers guarantees same-day delivery to ------- address in Greater London when the parcel is accepted by 9:00 A.M.
(A) such
(B) all
(C) any
(D) both

65. ------- checking stock levels, Amarath Wholesalers accepted a large soft drinks order for the event, which was a mistake.
(A) Although
(B) However
(C) While
(D) Without

66. All clients of Darwent Accounting are advised to use form B-11, which ------- tax liability in most cases.
(A) reduction
(B) reduces
(C) reducing
(D) to reduce

GO ON TO THE NEXT PAGE

Directions: Read the texts that follow. A word, phrase, or sentence is missing in parts of each text. Four answer choices for each question are given below the text. Select the best answer to complete the text. Then mark the letter (A), (B), (C), or (D) on your answer sheet.

Questions 67-70 refer to the following notice.

To the Users of Sarkway Parking Lot

Please be aware that from May 1, both hourly and daily parking rates will be increased by 10%. However, holders of Sarkway pre-paid cards will be -------
67.

Pre-paid cards allow drivers to ------- pay for parking at any Sarkway facility nationwide.
68.
They avoid the trouble of handing small change and can be recharged at the ticket machines. And there's another benefit to paying with a Sarkway card. -------. These can
69.
be used to get money off your stays at Sarkway parking lots.

To apply for your pre-paid card, please take an application form from the box below this notice. -------, ask one of Sarkway's parking attendants for assistance.
70.

---

67. (A) unavailable
(B) uneven
(C) unaffected
(D) unbelievable

68. (A) easy
(B) easier
(C) easily
(D) ease

69. (A) They can be found next to the exit barriers.
(B) If you lose your card, you must inform Sarkway immediately.
(C) Each transaction automatically collects member points.
(D) Join thousands of other drivers to discover the convenience.

70. (A) Therefore
(B) Alternatively
(C) Fortunately
(D) Consequently

Peston Software Design
Suite 6A, Soma Tower, 56 Walker Drive, Calgary AB 3NA

18 November

Ms. K. Ortan
OK Services
82 Cleaver Lane
Calgary AB 5RT

Dear Ms. Ortan,

I am writing to thank you for the excellent service you provided when tidying and cleaning our office after a recent welcome party for our new staff members. We were all impressed with how clean everything was and how you separated the recyclable trash without being asked.

Recently, I have tried a number of companies to do regular office maintenance. However, the quality of their work has been disappointing, and they are often late to arrive. I would be very interested to know how much you would charge for cleaning twice-a-week of our office. Please send me any further information, including prices of services and equipment, to the above address.

Best regards,

Liam Malone
Office manager
Peston Software Design

---

83. What type of business does Ms. Ortan operate?
(A) Software design company
(B) Office cleaning company
(C) Catering company
(D) Party planning company

84. What is indicated about Peston Software Design?
(A) It purchases recycled goods.
(B) It holds events twice a week.
(C) It wants to move office location.
(D) It recently hired new employees.

85. What difficulty does Mr. Malone mention?
(A) Finding a reliable contractor
(B) Securing suitable equipment
(C) Keeping customers satisfied
(D) Locating up-to-date information

86. What is Ms. Ortan asked to do?
(A) Visit Mr. Malone's office
(B) Consult with her staff
(C) Send an estimate of services
(D) Update a delivery address

GO ON TO THE NEXT PAGE

Vera Cheung 11:13 A.M.:

Can I check where everyone is on the photo contest for the October issue of the magazine?

Anthony Green 11:15 A.M.:

We've had over 300 entries come in. I don't expect that to increase much as the deadline is tomorrow.

Vera Cheung 11:16 A.M.:

Thanks, Anthony. Have you and Greg started to go through them all?

Anthony Green 11:18 A.M.:

We have. Unfortunately, there isn't an even split between the three categories. There are almost 200 for the 'Living World' category.

Vera Cheung 11:19 A.M.:

I expected this. The editorial meeting in June focused on deciding the categories, and I wasn't sure they were the best choices. Just do your best.

Toshi Ono 11:22 A.M.:

Vera, the layout for the contest article is complete. We just need to add the sponsor's logo and message.

Vera Cheung 11:23 A.M.:

That's great. E-mail the file to me now, will you? I'll check it then send it to the sponsor.

Toshi Ono 11:24 A.M.:

No problem. Anthony, do you need a hand judging the entries? I'm free after lunch.

Anthony Green 11:25 A.M.:

Thanks, Toshi. I'm fine for now. We'll see how much progress Greg and I can make today.

Vera Cheung 11:28 A.M.:

OK. Everything seems to be on track. We'll get together for a meeting on the 12th to finalize the wording and notify the three winners that you've chosen.

87. Where do the people most likely work?

    (A) At a camera manufacturer

    (B) At a public relations firm

    (C) At an art gallery

    (D) At a publishing company

88. What was one topic of June's meeting?

    (A) Organizing a competition

    (B) Maximizing exposure of a campaign

    (C) Changing the layout of displays

    (D) Increasing visitor numbers

89. At 11:25 A.M., what does Mr. Green most likely mean when he writes, "I'm fine for now"?

    (A) He does not want to have lunch.

    (B) He believes he can meet a deadline.

    (C) He has recovered from an illness.

    (D) He thinks a colleague's idea is good.

90. What will happen at a future meeting?

    (A) Some winners will be contacted.

    (B) A sponsor will be notified.

    (C) Ms. Cheung will make a selection.

    (D) Some photographs will be taken.

GO ON TO THE NEXT PAGE

Half Test 1

Half Test 2

Half Test 3

THE CARMEL PIZZA FACTORY
Carmel City's Famous Pizzeria

Treat yourself to a delicious pizza baked in our authentic and traditional wood-fired ovens!

FANTASTIC FIVE   Five different cheeses melt together in a beautiful combination of flavors. Topped with smoked bacon. A real cheese-lover's special! Available in 25cm ($13.99) and 30cm ($15.00).
Order number: 32

CLASSICO   A traditional thin-crust pizza topped with tomato sauce, mozzarella cheese and basil. A genuine Italian classic. Suitable for vegetarians. Available in 25cm ($14.50) and 35cm ($17.99).
Order number: 77

MEAT FEAST   A pizza that's sure to fill you up! Generous helpings of roast chicken, pulled pork, and ground beef, finished with our special sauce. Only available in 35cm ($19.50).
Order number: 15

Call (831) 555-0001 to place your home delivery order anywhere in the Carmel City area. All listed prices include delivery charges and sales tax.
We now accept online orders! To celebrate, all customers ordering online will receive a $3 discount coupon for their next order.

---

https://www.carmel-pizza.com/order-form

Online Order Form

Orders made online must be paid by credit card. To pay by cash, please order by phone.

Customer name: Henry Gibson
Address line 1: 23 Dalton Road
Address line 2: Apartment 4B
Zip code: 93901
Note: Deliveries only within Carmel city limits
Phone: (831) 555-0032
Email: gibsonhen@dotmail.com
Order number: 32
Size (cm): 30
Quantity: 1

☑ I would like to become a Pizza Factory member, entitling me to one free drink on future orders. (Please check box)

Press continue to order any sides or drinks.

CONTINUE

24

PART 2

Directions: You will hear a question or statement and three responses spoken in English. They will not be printed in your test book and will be spoken only one time. Select the best response to the question or statement and mark the letter (A), (B), or (C) on your answer sheet.

4. Mark your answer on your answer sheet.

5. Mark your answer on your answer sheet.

6. Mark your answer on your answer sheet.

7. Mark your answer on your answer sheet.

8. Mark your answer on your answer sheet.

9. Mark your answer on your answer sheet.

10. Mark your answer on your answer sheet.

11. Mark your answer on your answer sheet.

12. Mark your answer on your answer sheet.

13. Mark your answer on your answer sheet.

14. Mark your answer on your answer sheet.

GO ON TO THE NEXT PAGE

Directions: You will hear some conversations between two or more people. You will be asked to answer three questions about what the speakers say in each conversation. Select the best response to each question and mark the letter (A), (B), (C), or (D) on your answer sheet. The conversations will not be printed in your test book and will be spoken only one time.

15. Where does the man work?
(A) At a food producer
(B) At a grocery store
(C) At a restaurant
(D) At a catering company

16. What does the man say about the woman's Web site?
(A) It cannot be accessed.
(B) Its appearance changed recently.
(C) It is very popular.
(D) It makes large profits.

17. What does the man suggest the woman do?
(A) Have some dessert
(B) Complete a form online
(C) Write a newspaper article
(D) Order a free sample

18. Where is the conversation most likely taking place?
(A) In a computer store
(B) At a community college
(C) At the woman's home
(D) In a restaurant

19. Why does the woman mention April 10?
(A) It is an application deadline.
(B) It is a public holiday.
(C) It is a starting date.
(D) It is a delivery date.

20. What does the man ask about?
(A) Where to get more information
(B) How to pay fees
(C) What material to buy
(D) When to visit the woman again

21. What does the man say about the table instructions?
(A) They are only in picture form.
(B) They contain many errors.
(C) He cannot understand them.
(D) He has lost them.

22. What can Natalie do?
(A) Use power tools
(B) Work overtime tonight
(C) Speak a foreign language
(D) Bring some packages

23. What will the women most likely do next?
(A) Assemble a table
(B) Drive to the station
(C) Speak to clients
(D) Start a meeting

24. What type of business do the speakers work for?
(A) A photo studio
(B) An appliance retailer
(C) A parts manufacturer
(D) An auto maker

25. Why does the man say, "They're our biggest customer"?
(A) To congratulate a colleague
(B) To show the problem is urgent
(C) To compare order sizes
(D) To express surprise

26. In which department does Rob Lee work?
(A) Sales
(B) Customer Service
(C) Accounts
(D) Quality Assurance

27. Why does the man need assistance?
- (A) He does not understand a campaign's rules.
- (B) He cannot locate an item.
- (C) He is confused about a price.
- (D) He wants to return a shirt.

28. What does the woman say about her store?
- (A) It has a limited selection.
- (B) It is open late today.
- (C) It can deliver items.
- (D) It will move to another city.

29. What will the man do?
- (A) Place an order online
- (B) Talk to the store manager
- (C) Visit another branch
- (D) Get a refund

30. Why is the woman now able to go to the event?
- (A) Another attendee canceled.
- (B) Her schedule changed.
- (C) She received permission from her supervisor.
- (D) The price was reduced.

31. What will the man give the woman?
- (A) A receipt
- (B) A ticket
- (C) A map
- (D) An guidebook

32. How will the woman reach the venue?
- (A) By car
- (B) By train
- (C) By taxi
- (D) By bus

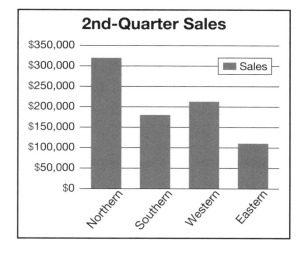

2nd-Quarter Sales

33. What does the company sell?
- (A) Clothing
- (B) Umbrellas
- (C) Sports equipment
- (D) Snack food

34. Look at the graphic. In which sector does Erin Barker work?
- (A) Northern Sector
- (B) Southern Sector
- (C) Western Sector
- (D) Eastern Sector

35. What does the woman want to focus on?
- (A) Staff training
- (B) Increasing stock
- (C) Customer satisfaction
- (D) Material prices

GO ON TO THE NEXT PAGE

PART 4

Directions: You will hear some talks given by a single speaker. You will be asked to answer three questions about what the speaker says in each talk. Select the best response to each question and mark the letter (A), (B), (C), or (D) on your answer sheet. The talks will not be printed in your test book and will be spoken only one time.

36. Where does the caller most likely work?
(A) A hotel
(B) A catering company
(C) A florist
(D) A furniture store

37. What does the caller imply when she says, "There are only three days to go"?
(A) She wants the listener to work more quickly.
(B) She realizes the listener will be busy.
(C) She misunderstood a schedule.
(D) She cannot meet a deadline.

38. What will the listener receive?
(A) A letter of confirmation
(B) Free delivery
(C) An order form
(D) A venue guide

39. What kind of business is being advertised?
(A) A phone store
(B) A tutoring service
(C) A copying service
(D) A photography studio

40. Who is the advertisement most likely targeting?
(A) Amateur photographers
(B) Parents of young children
(C) Business people
(D) Senior citizens

41. Why should listeners visit in July?
(A) To receive a discount
(B) To try a new facility
(C) To get a free gift
(D) To view attractive products

42. What is taking place on Wednesday?
(A) A fitness campaign
(B) A sports match
(C) A grand opening
(D) A music competition

43. Where does Adam Burton most likely work?
(A) At a university
(B) At a restaurant
(C) At a radio station
(D) At a gym

44. What are listeners encouraged to do?
(A) Remember a schedule change
(B) Contact a radio station
(C) Visit a club
(D) Make a special dish

Schedule for Keenan Foster	
July 2	Manchester
July 3	Glasgow
July 4	Birmingham
July 5	London

45. Who most likely is the message intended for?
(A) A store owner
(B) An author
(C) A TV actor
(D) A hotel inspector

46. Look at the graphic. Where will the speaker meet the listener?
(A) In Manchester
(B) In Glasgow
(C) In Birmingham
(D) In London

87. What is the topic of the article?

    (A) A public health campaign

    (B) A money-saving proposal

    (C) A rebuilding project

    (D) A community swimming event

88. What is stated about the pool?

    (A) It is located in a historic building.

    (B) It will soon shut down.

    (C) It is the largest in the city.

    (D) It features a number of water slides.

89. When can citizens view the plans?

    (A) In February

    (B) In April

    (C) In May

    (D) In December

90. What does Mr. Weber hope will happen?

    (A) Many people will attend the event.

    (B) Entry prices will remain low.

    (C) He will be able to find a job at the facility.

    (D) The plans will be changed.

GO ON TO THE NEXT PAGE

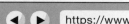

https://www.freelancer-world.com/job/123

>**Newest work-from-home vacancies**

German speaker needed

M.L.C. Ltd. is an engineering firm based in Manchester, England, specializing in precision parts. Recently, we have been receiving more business from Germany and want to hire a freelancer to handle incoming telephone enquiries more professionally. The successful candidate should be fluent in spoken German and able to receive calls in a quiet environment, ideally your home. The calls will be forwarded automatically from our office to your phone. Experience in customer service is preferred. In your application, please tell us which times you can work, and why you are a good fit for this position. **Job code** 4RE-772

Times (Central European Time) **and pay rates**

9:00 A.M. – 12:00 P.M. - £7.50/hour (Most calls are received during this time.)

1:00 P.M. – 4:00 P.M. - £6.75/hour

4:00 P.M. – 6:00 P.M. - £6.00/hour (Few calls come during this time.)

Candidates must be available to answer calls at least three days per week Monday-Friday.

If we need someone to work Saturday or Sunday, we will pay £8.50/hour.

---

https://www.freelancer-world.com/app/123/trmw

FREELANCE WORLD – JOB APPLICATION

Name | Eleanor | Jacobs |
        | First | Last |

Job code | 4RE-772 |

Message to employer:

I am very interested in the vacancy. I lived and worked in Germany for three years, and my husband is from there. My spoken German is excellent, as are my listening skills. I am available to work until noon every weekday. During that time my children are at kindergarten, so there is no noise or distraction in my house. I can start work immediately.

I used to work in the sales department of a software company; therefore I have very good communication and people skills. I am attaching an audio recording of me making a speech in German.

Attachment | E_Jacobs-speech |

91. What job is being advertised?

(A) Teaching a language
(B) Answering telephone calls
(C) Manufacturing machine parts
(D) Recruiting foreign workers

92. What is most likely true about M.L.C. Ltd.?

(A) It is losing business to rival companies.
(B) It wants to hire college graduates.
(C) It recently targeted overseas clients.
(D) It uses professional translators.

93. According to the Web page, what are applicants required to have?

(A) A special qualification
(B) A noise-free workspace
(C) Call-forwarding equipment
(D) Sales experience

94. What is indicated about Ms. Jacobs?

(A) She has no customer service experience.
(B) She is a German citizen.
(C) She is looking for an office-based job.
(D) She sent a sample of her language skills.

95. How much will Ms. Jacobs most likely earn per hour?

(A) £6.00
(B) £6.75
(C) £7.50
(D) £8.50

GO ON TO THE NEXT PAGE

From:	Darren Craig <craig_d@homestart-living.com>
To:	Francesca Torin <francesca@everestfashionhouse.com>
Date:	August 30
Subject:	Business seminar

Hi Francesca,

I hope everything is going well at Everest Fashion. It was good talking with you at Harriet's birthday party last weekend, especially since I don't often get the chance to talk to other small business owners.

Speaking of which, there is a small business seminar taking place next month at the Albert Convention Center. There will be four different topics, and I will be going to the one on recruiting people. I remember you said you were having difficulty finding good staff members for your second store in Northton. Would you like to join me at the seminar?

If you can come, please let me know by September 3, and I'll get a ticket for you when I book mine online — they offer a discounted ticket for a pair! Here is the link for more information: https://albert.smallbizconventions.org.

Speak to you soon,
Darren

---

https://albert.smallbizconventions.org

Info	Access	Prices	Buy tickets	Testimonials

The next series of seminars for small business owners at the Albert Convention Center will take place on September 20 (Sat) & 21 (Sun). Tickets can be purchased for each seminar for $79 or $140 for two participants. You can also choose a $255 package for all four topics.

Small Business Workshops at the Albert Convention Center

Saturday morning (9 A.M. – 12 P.M.) **Internet Marketing**	Use the power of the Internet to reach more customers. You will learn how to get more attention without increasing your spending.
Saturday afternoon (1 P.M. – 4 P.M.) **Hiring Staff**	Small businesses need to make the right choices when hiring new people. Make sure you know how to find the best people for your team.
Sunday morning (9 A.M. – 12 P.M.) **Doing Taxes**	Expert Milton Salmond will explain the latest tax rules and how to avoid paying more than you should.
Sunday afternoon (1 P.M. – 4 P.M.) **Starting a Small Business**	For those thinking of starting their own business, this seminar is vital. It covers making business plans and surviving your first year.

96. What is the main purpose of the e-mail?

    (A) To offer congratulations

    (B) To thank someone for advice

    (C) To invite someone to an event

    (D) To promote a new business

97. When will Mr. Craig attend a seminar?

    (A) Saturday morning

    (B) Saturday afternoon

    (C) Sunday morning

    (D) Sunday afternoon

98. What is indicated about Ms. Torin?

    (A) She operates multiple stores.

    (B) She does business with Mr. Craig.

    (C) She recently had a birthday.

    (D) She works at the Albert Convention Center.

99. Who most likely is Milton Salmond?

    (A) A venue manager

    (B) A tax accountant

    (C) A store owner

    (D) An Internet marketing expert

100. What topic is NOT covered during the seminar weekend?

    (A) Motivating staff

    (B) Launching a business

    (C) Attracting customers

    (D) Understanding tax codes

Half Test 1

Half Test 2

Half Test 3

Stop! This is the end of the test. If you finish before time is called, you may go back to Part 5, 6, and 7 and check your work.

96. What is the main purpose of the e-mail?
(A) To offer congratulations
(B) To thank someone for advice
(C) To invite someone to an event
(D) To promote a new business

97. When will Mr. Craig attend a seminar?
(A) Saturday morning
(B) Saturday afternoon
(C) Sunday morning
(D) Sunday afternoon

98. What is indicated about Ms. Terry?
(A) She operates multiple stores.
(B) She does business with Mr. Craig.
(C) She recently made a birthday.
(D) She works at the Albert Convention Center.

99. Who most likely is Milton Salmond?
(A) A venue manager
(B) A tax accountant
(C) A store owner
(D) An internet marketing expert

100. What topic is NOT covered during the seminar weekend?
(A) Motivating staff
(B) Launching a business
(C) Attracting customers
(D) Understanding tax codes

Stop! This is the end of the test. If you finish before time is called,
you may go back to Parts 5, 6, and 7 and check your work.

PART 2

Directions: You will hear a question or statement and three responses spoken in English. They will not be printed in your test book and will be spoken only one time. Select the best response to the question or statement and mark the letter (A), (B), or (C) on your answer sheet.

4. Mark your answer on your answer sheet.

5. Mark your answer on your answer sheet.

6. Mark your answer on your answer sheet.

7. Mark your answer on your answer sheet.

8. Mark your answer on your answer sheet.

9. Mark your answer on your answer sheet.

10. Mark your answer on your answer sheet.

11. Mark your answer on your answer sheet.

12. Mark your answer on your answer sheet.

13. Mark your answer on your answer sheet.

14. Mark your answer on your answer sheet.

GO ON TO THE NEXT PAGE

Directions: You will hear some conversations between two or more people. You will be asked to answer three questions about what the speakers say in each conversation. Select the best response to each question and mark the letter (A), (B), (C), or (D) on your answer sheet. The conversations will not be printed in your test book and will be spoken only one time.

15. What is the man concerned about?
(A) The safety of stock
(B) The price of material
(C) The quality of goods
(D) The lack of staff

16. What will the women do together?
(A) Lock some doors
(B) Set up a computer
(C) Drive to a client's office
(D) Prepare for a training event

17. What does the man ask the women to do?
(A) Work late
(B) Check a schedule
(C) Talk with an employee
(D) Close the factory

18. Where is the conversation taking place?
(A) At a restaurant
(B) At a bus station
(C) At a hotel
(D) At a business convention

19. Why did the man come to speak to the woman?
(A) To inquire about a transportation
(B) To inform the woman of a problem
(C) To pay a check
(D) To ask for a recommendation

20. What does the woman offer to do?
(A) Call the man later
(B) Order a book
(C) Make a reservation
(D) Give the man directions

21. What is the woman working on?
(A) Preparing for a meeting
(B) Creating a new product
(C) Negotiating a price
(D) Checking an item's quality

22. What is the problem?
(A) A client will be late.
(B) A supplier is closed.
(C) Some information was not sent.
(D) A food contains the wrong ingredients.

23. What does the woman want to receive?
(A) A package
(B) An e-mail
(C) A guarantee
(D) A telephone call

24. Why does the man say, "are you leaving now"?
(A) He is confirming a timetable.
(B) He needs more time to prepare.
(C) He wants to use the woman's desk.
(D) He has to close the office.

25. What will the man do for the woman?
(A) Lend her his phone
(B) Attend a meeting in her place
(C) Wait for her to finish
(D) Print a list of names

26. What does the woman say about the company car?
(A) It is being used today.
(B) It needs some repairs.
(C) She prefers it to her own car.
(D) It does not have enough space.

27. What business will the woman start?
   (A) A furniture store
   (B) A coffee shop
   (C) A tutoring firm
   (D) A design consulting firm

28. Why is an item not for sale?
   (A) It is part of a display.
   (B) It is damaged.
   (C) It is reserved for a customer.
   (D) It belongs to the shop owner.

29. What does the man offer to do?
   (A) Create a special design
   (B) Reduce the price
   (C) Speed up an order
   (D) Send a package free of charge

Name	Volunteer Job	Meeting Place
Niles Yamaz	Guide traffic	Parking lot
David Chang	Decorate main room	Main room
Luiz Fredericks	Tidy front garden	Entrance
Harry Plunkett	Help in kitchen	Kitchen

30. What are the people discussing?
   (A) A building renovation
   (B) A volunteer teacher
   (C) An event date
   (D) A road closure

31. Look at the graphic. Where will the man go?
   (A) The parking lot
   (B) The main room
   (C) The entrance
   (D) The kitchen

32. What does the man say he will do?
   (A) Bring his own equipment
   (B) Cook a meal
   (C) Bring his friend as a volunteer
   (D) Open the community center early

PROPRINT OFFICE SERVICES
BUSINESS CARDS COUPON

Box of 200		
Black & White	$5
Color	$7

Box of 500		
Black & White	$10
Color	$15

33. Why did the woman visit the store?
   (A) To place an order
   (B) To claim a refund
   (C) To ask for a modification
   (D) To collect her business cards

34. Look at the graphic. What discount will the woman receive?
   (A) $5
   (B) $7
   (C) $10
   (D) $15

35. What does the man ask for?
   (A) A customer code
   (B) A telephone number
   (C) A membership card
   (D) An e-mail address

GO ON TO THE NEXT PAGE

Directions: You will hear some talks given by a single speaker. You will be asked to answer three questions about what the speaker says in each talk. Select the best response to each question and mark the letter (A), (B), (C), or (D) on your answer sheet. The talks will not be printed in your test book and will be spoken only one time.

36. Where is the speaker?
(A) At an award ceremony
(B) At a store opening
(C) At a factory tour
(D) At a sales presentation

37. Who is Oliver Dubec?
(A) A travel guide
(B) An author
(C) A television interviewer
(D) A film director

38. What will happen next?
(A) A winner will be announced.
(B) A presenter will speak.
(C) A video will be shown.
(D) An event will end.

39. What is the the announcement about?
(A) A training seminar
(B) A business luncheon
(C) A farewell party
(D) A board meeting

40. Why does the speaker say, "Mr. Rosen certainly deserves it"?
(A) To explain a decision
(B) To persuade people to attend
(C) To justify a promotion
(D) To confirm an award

41. What will participants receive?
(A) Drinks
(B) A gift
(C) Overtime pay
(D) Extra information

42. Where does the speaker most likely work?
(A) At a printing firm
(B) At a coffee producer
(C) At an office supply store
(D) At a furniture store

43. Why is the speaker concerned?
(A) An order was not made.
(B) A bill was not paid.
(C) An item is missing.
(D) A delivery is late.

44. What does the speaker recommend?
(A) Purchasing online
(B) Increasing an order size
(C) Paying via automatic transfer
(D) Arranging a repeat transaction

45. What does the speaker mainly discuss?
(A) A budget for a business trip
(B) A change in schedule
(C) A missed deadline
(D) A sales target

46. What are the listeners asked to do?
(A) Work overtime
(B) Confirm a date
(C) Travel together
(D) Improve a presentation

47. What will happen on Monday?
(A) The speaker will confirm a time.
(B) Customers will visit the office.
(C) The sales team will return.
(D) A product will be launched.

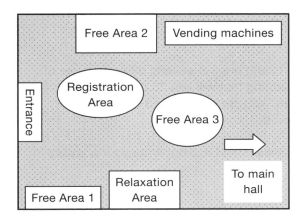

48. Who most likely are the listeners?

(A) Sales professionals

(B) Educators

(C) Architects

(D) Fashion designers

49. Why does the speaker apologize?

(A) There are no beverages left.

(B) A presentation will begin late.

(C) There was a mistake in the previous announcement.

(D) A facility cannot be used.

50. Look at the graphic. Where can attendees relax?

(A) Free Area 1

(B) Free Area 2

(C) Free Area 3

(D) Relaxation Area

This is the end of the listening test. Turn to Part 5 in your test book.

GO ON TO THE NEXT PAGE

READING TEST

In the Reading test, you will read a variety of texts and answer several different types of reading comprehension questions. The entire Reading test will last 38 minutes. There are three parts, and directions are given for each part. You are encouraged to answer as many questions as possible within the time allowed.

You must mark your answers on the separate answer sheet. Do not write your answers in your test book.

PART 5

Directions: A word or phrase is missing in each of the sentences below. Four answer choices are given below each sentence. Select the best answer to complete the sentence. Then mark the letter (A), (B), (C), or (D) on your answer sheet.

51. Dr. Mall Ficher is involved in trials of a new ------- procedure which could shorten recovery time after surgery.
(A) experimentally
(B) experimental
(C) experimenting
(D) experimented

52. Mariel Castillo's -------- rated radio program received the prestigious "Best Radio Program of the Year" award.
(A) possibly
(B) quickly
(C) seriously
(D) highly

53. Calimart Furniture stores attract customers with their wide range of high-quality items at ------- prices.
(A) opposite
(B) active
(C) affordable
(D) successful

54. Mr. Garnad in Human Resources knows assistance from Director Hueng is always available if ------- needs it.
(A) he
(B) his
(C) him
(D) himself

55. As Dr. Coulthard had to leave the training early yesterday, Ms. Markem took over the session for the ------- of the day.
(A) progression
(B) remainder
(C) service
(D) collection

56. Mr. Lee asked his assistant that the report to the supervisor ------- ready by Friday at the latest.
(A) were
(B) has been
(C) be
(D) are

57. The panel of buyers at Fenwrite stores found the product presentation by Mr. Su on Friday very -------.
(A) persuasive
(B) persuaded
(C) persuasion
(D) persuasiveness

58. Venton Bank includes in its package for small businesses free ------- access to a team of financial advisors.
(A) promising
(B) directional
(C) fluent
(D) unlimited

59. Deng Zhelan was pleased to see that the $10,000 ------- five years ago in mutual funds had grown more than expected.
(A) investor
(B) invested
(C) investment
(D) invest

60. After breaking his laptop's keyboard, Pato Jerez was relieved to discover it was easily -------.
(A) replaces
(B) replacing
(C) replacement
(D) replaceable

61. Work on the budget proposal has largely been completed, ------- the presentation slides, which will be done tomorrow.
(A) except
(B) about
(C) instead
(D) only

62. Trainee journalists at Howestoft Publishing need to ------- a range of regulations before being able to work alone.
(A) memorize
(B) form
(C) unite
(D) symbolize

63. Compared to last year's visitor numbers to the Next-M Museum, this year's figures appeared to be a lot -------.
(A) best
(B) better
(C) good
(D) well

64. Saint Le-Juc's College needed extra ------- to cover for some staff who fell ill just before the main testing season.
(A) examinations
(B) examiners
(C) examined
(D) examining

65. ------- the end of the peak season each year, Bonning Hotel switches its focus to large catering events to maintain profitability.
(A) At
(B) In
(C) On
(D) Since

66. Erwess Industries has abolished its previous culture of top-down ------- in favor of a more inclusive approach.
(A) manage
(B) management
(C) manager
(D) managerial

GO ON TO THE NEXT PAGE

PART 6

Directions: Read the texts that follow. A word, phrase, or sentence is missing in parts of each text. Four answer choices for each question are given below the text. Select the best answer to complete the text. Then mark the letter (A), (B), (C), or (D) on your answer sheet.

Questions 67-70 refer to the following e-mail.

To: tesposito@boffe-ad.com
From: ccraigan@kolomail.com
Date: January 24
Subject: Thank you

Dear Mr. Esposito,

As you are probably aware, I recently applied for a managerial position at Moss Bank Media in Seattle. The job ------- to me last week, and I was delighted to accept. At the
                              67.
interview, I was told how impressive the letter of recommendation you kindly provided was.

-------.
68.

I feel your words played a crucial part in my being -------. For that, and for all the support
                                                    69.
you gave me ------- my five wonderful years at Boffe Advertising, I am extremely grateful.
              70.

Warmest regards,

Charlotte Craigan

---

67. (A) offers
(B) offered
(C) was offered
(D) is offering

68. (A) The interviewers also knew of your advertising work.
(B) The document was lacking your signature.
(C) Please send it to me by February 2.
(D) I am very excited to begin working with you.

69. (A) motivated
(B) hired
(C) allowed
(D) featured

70. (A) before
(B) when
(C) as
(D) during

Questions 71-74 refer to the following notice.

The fruit growers of Ronswold are organizing a fun family event to promote the delicious fruit that -------. in the region. It will be held on Saturday, September 10.
                                                    71.

To take part, please purchase a ticket, available for $25, from city hall or our Web site: www.ronswold.com. Your ticket will allow you to pick grapes, pears, and apples from the fields of all participating growers. Event tickets also include free entry to guided tours of the Larchant juice and canned fruit factory. -------. There will be ------- shuttle buses from
                                                  72.   **73.**
Marks Square to take people to the farms. ------- will run free of charge every fifteen
                                           74.
minutes from 9 A.M. to 4 P.M.

71. (A) have grown
    (B) grows
    (C) grown
    (D) growing

72. (A) Please show your coupon at the
        entrance.
    (B) This year is the third year the event
        has been held.
    (C) You can get your free ticket by
        applying online.
    (D) The factory is next to the Hickory
        Apple Orchard.

73. (A) airport
    (B) late-night
    (C) complimentary
    (D) early

74. (A) It
    (B) We
    (C) They
    (D) He

GO ON TO THE NEXT PAGE

Directions: In this part you will read a selection of texts, such as magazine and newspaper articles, e-mails, and instant messages. Each text or set of texts is followed by several questions. Select the best answer for each question and mark the letter (A), (B), (C), or (D) on your answer sheet.

Questions 75-76 refer to the following advertisement.

Ploughshare Farms presents

Veggies-in-a-box

Can't find the time to shop properly? Worried where your produce comes from? Let Ploughshare Farms provide you with a monthly box full of organic vegetables from a farm right here in California.

Subscribe and you can expect fresh corn, tomatoes, and different surprises each month on your doorstep. We know that not everyone has the land or time to grow their own vegetables, but we all want to eat healthily — and you'll be supporting certified local farmers too!

10 kilogram box of a variety of vegetables: $45 per month
(Boxes can be either a random or customized selection)

Visit www.ploughshare-farms.com to order your first package.

75. For whom is the advertisement most likely intended?
(A) Gardeners
(B) Food retailers
(C) Dieticians
(D) City residents

76. What is indicated about the boxes?
(A) They are available in various sizes.
(B) They come with cooking tips.
(C) The contents can be chosen by the customer.
(D) The vegetables are sourced nationwide.

Questions 77-79 refer to the following schedule.

	Goosehead Community College Computer Skills Seminar for Beginners Saturday, August 18 $50 per person
9:30 A.M.	**Getting started** The world of computers can seem confusing for beginners. Your instructor will explain the types of PCs, how to purchase a suitable machine and how to do basic tasks like logging on and creating a file.
10:45 A.M.	**Sending your first email** Instructors will explain the process of setting up a free email account. You'll be shown how to send email and how to stay safe online.
11:55 A.M.	**Lunch time** Lunch will be held in the college's cafeteria and is included in the price of the seminar.
1:05 P.M.	**Communication software** Learn how to use messaging and video chat software to talk to family and friends. It's fun and simple to use. You'll be ready to start in just ten minutes!
2:40 P.M.	**Design a greeting card** Using common design software, students will work in pairs to make birthday or holiday cards. Your teacher will show you design templates and how to print your card, which you can take home.
	Please reserve a spot by calling 555-4930. The college is close to Benham train station, or you can take the Number 41 bus. Parking is available.

77. What is true about the Computer Skills Seminar for Beginners?
(A) It focuses on using laptop computers.
(B) The classes are for college students only.
(C) The venue is convenient for people using public transportation.
(D) People must register via an online form.

78. What time will participants work together?
(A) From 9:30 A.M.
(B) From 10:45 A.M.
(C) From 1:05 P.M.
(D) From 2:40 P.M.

79. What is NOT indicated about the seminar?
(A) It will be held at a community college.
(B) It will have some classes for beginners.
(C) It will take place over four days.
(D) It will use various kinds of software.

GO ON TO THE NEXT PAGE

Questions 80-82 refer to the following e-mail.

To:	Matthew Dawson
From:	Lotte Mertens
Date:	12 September
Subject:	Forward Employment Agency

Hi Matthew,

It was a pleasure meeting with you again at the Eindhoven Exposition. I enjoyed hearing about how your company is expanding into data input services and your experiences with using Forward Employment Agency to hire temporary staff.

As I mentioned, we at Escot Properties often need to hire people on short-term contracts. So due to your positive comments, I looked at Forward's Web site. I was impressed with the number of companies they deal with and their speed in providing staff. However, their commission rates are considerably higher than other employment agencies. For that reason, we will stay with our current provider for now.

Thank you for your kind advice in the matter, and I hope to see you at the MAX-E business awards on the 25th.

Lotte

80. Who is Mr. Dawson?
(A) An employee of Escot Properties
(B) A business acquaintance of Ms. Mertens'
(C) The owner of Forward Employment Agency
(D) A candidate for a job opening

81. What does Ms. Mertens dislike about Forward Employment Agency?
(A) Its service fees
(B) Its Web site design
(C) Its speed in responding to e-mails
(D) Its range of services

82. What will Mr. Dawson most likely do on September 25?
(A) Travel to Eindhoven
(B) Contact an employment company
(C) Organize an exhibition
(D) Attend an award ceremony

Half Test 1 解答用紙

学習日： 　　　年 　　　月 　　　日

開始時間： 　　　時 　　　分　　　終了時間： 　　　時 　　　分　（テスト時間合計 63分）

（Part 7 開始時間目標 　　　時 　　　分　　Part 7 解答時間目標 26分）

フリガナ	
NAME 氏 名	

LISTENING SECTION

Part 1
No.	ANSWER A B C D
1	Ⓐ Ⓑ Ⓒ Ⓓ
2	Ⓐ Ⓑ Ⓒ Ⓓ
3	Ⓐ Ⓑ Ⓒ Ⓓ
4	Ⓐ Ⓑ Ⓒ Ⓓ
5	Ⓐ Ⓑ Ⓒ Ⓓ
6	Ⓐ Ⓑ Ⓒ Ⓓ
7	Ⓐ Ⓑ Ⓒ Ⓓ
8	Ⓐ Ⓑ Ⓒ Ⓓ
9	Ⓐ Ⓑ Ⓒ Ⓓ
10	Ⓐ Ⓑ Ⓒ Ⓓ

Part 2
No.	ANSWER A B C D
11	Ⓐ Ⓑ Ⓒ Ⓓ
12	Ⓐ Ⓑ Ⓒ Ⓓ
13	Ⓐ Ⓑ Ⓒ Ⓓ
14	Ⓐ Ⓑ Ⓒ Ⓓ
15	Ⓐ Ⓑ Ⓒ Ⓓ
16	Ⓐ Ⓑ Ⓒ Ⓓ
17	Ⓐ Ⓑ Ⓒ Ⓓ
18	Ⓐ Ⓑ Ⓒ Ⓓ
19	Ⓐ Ⓑ Ⓒ Ⓓ
20	Ⓐ Ⓑ Ⓒ Ⓓ

Part 3
No.	ANSWER A B C D
21	Ⓐ Ⓑ Ⓒ Ⓓ
22	Ⓐ Ⓑ Ⓒ Ⓓ
23	Ⓐ Ⓑ Ⓒ Ⓓ
24	Ⓐ Ⓑ Ⓒ Ⓓ
25	Ⓐ Ⓑ Ⓒ Ⓓ
26	Ⓐ Ⓑ Ⓒ Ⓓ
27	Ⓐ Ⓑ Ⓒ Ⓓ
28	Ⓐ Ⓑ Ⓒ Ⓓ
29	Ⓐ Ⓑ Ⓒ Ⓓ
30	Ⓐ Ⓑ Ⓒ Ⓓ
31	Ⓐ Ⓑ Ⓒ Ⓓ
32	Ⓐ Ⓑ Ⓒ Ⓓ
33	Ⓐ Ⓑ Ⓒ Ⓓ
34	Ⓐ Ⓑ Ⓒ Ⓓ
35	Ⓐ Ⓑ Ⓒ Ⓓ
36	Ⓐ Ⓑ Ⓒ Ⓓ
37	Ⓐ Ⓑ Ⓒ Ⓓ
38	Ⓐ Ⓑ Ⓒ Ⓓ
39	Ⓐ Ⓑ Ⓒ Ⓓ
40	Ⓐ Ⓑ Ⓒ Ⓓ

Part 4
No.	ANSWER A B C D
41	Ⓐ Ⓑ Ⓒ Ⓓ
42	Ⓐ Ⓑ Ⓒ Ⓓ
43	Ⓐ Ⓑ Ⓒ Ⓓ
44	Ⓐ Ⓑ Ⓒ Ⓓ
45	Ⓐ Ⓑ Ⓒ Ⓓ
46	Ⓐ Ⓑ Ⓒ Ⓓ
47	Ⓐ Ⓑ Ⓒ Ⓓ
48	Ⓐ Ⓑ Ⓒ Ⓓ
49	Ⓐ Ⓑ Ⓒ Ⓓ
50	Ⓐ Ⓑ Ⓒ Ⓓ

READING SECTION

Part 5
No.	ANSWER A B C D
51	Ⓐ Ⓑ Ⓒ Ⓓ
52	Ⓐ Ⓑ Ⓒ Ⓓ
53	Ⓐ Ⓑ Ⓒ Ⓓ
54	Ⓐ Ⓑ Ⓒ Ⓓ
55	Ⓐ Ⓑ Ⓒ Ⓓ
56	Ⓐ Ⓑ Ⓒ Ⓓ
57	Ⓐ Ⓑ Ⓒ Ⓓ
58	Ⓐ Ⓑ Ⓒ Ⓓ
59	Ⓐ Ⓑ Ⓒ Ⓓ
60	Ⓐ Ⓑ Ⓒ Ⓓ

Part 6
No.	ANSWER A B C D
61	Ⓐ Ⓑ Ⓒ Ⓓ
62	Ⓐ Ⓑ Ⓒ Ⓓ
63	Ⓐ Ⓑ Ⓒ Ⓓ
64	Ⓐ Ⓑ Ⓒ Ⓓ
65	Ⓐ Ⓑ Ⓒ Ⓓ
66	Ⓐ Ⓑ Ⓒ Ⓓ
67	Ⓐ Ⓑ Ⓒ Ⓓ
68	Ⓐ Ⓑ Ⓒ Ⓓ
69	Ⓐ Ⓑ Ⓒ Ⓓ
70	Ⓐ Ⓑ Ⓒ Ⓓ
71	Ⓐ Ⓑ Ⓒ Ⓓ
72	Ⓐ Ⓑ Ⓒ Ⓓ
73	Ⓐ Ⓑ Ⓒ Ⓓ
74	Ⓐ Ⓑ Ⓒ Ⓓ
75	Ⓐ Ⓑ Ⓒ Ⓓ
76	Ⓐ Ⓑ Ⓒ Ⓓ
77	Ⓐ Ⓑ Ⓒ Ⓓ
78	Ⓐ Ⓑ Ⓒ Ⓓ
79	Ⓐ Ⓑ Ⓒ Ⓓ
80	Ⓐ Ⓑ Ⓒ Ⓓ

Part 7
No.	ANSWER A B C D
81	Ⓐ Ⓑ Ⓒ Ⓓ
82	Ⓐ Ⓑ Ⓒ Ⓓ
83	Ⓐ Ⓑ Ⓒ Ⓓ
84	Ⓐ Ⓑ Ⓒ Ⓓ
85	Ⓐ Ⓑ Ⓒ Ⓓ
86	Ⓐ Ⓑ Ⓒ Ⓓ
87	Ⓐ Ⓑ Ⓒ Ⓓ
88	Ⓐ Ⓑ Ⓒ Ⓓ
89	Ⓐ Ⓑ Ⓒ Ⓓ
90	Ⓐ Ⓑ Ⓒ Ⓓ
91	Ⓐ Ⓑ Ⓒ Ⓓ
92	Ⓐ Ⓑ Ⓒ Ⓓ
93	Ⓐ Ⓑ Ⓒ Ⓓ
94	Ⓐ Ⓑ Ⓒ Ⓓ
95	Ⓐ Ⓑ Ⓒ Ⓓ
96	Ⓐ Ⓑ Ⓒ Ⓓ
97	Ⓐ Ⓑ Ⓒ Ⓓ
98	Ⓐ Ⓑ Ⓒ Ⓓ
99	Ⓐ Ⓑ Ⓒ Ⓓ
100	Ⓐ Ⓑ Ⓒ Ⓓ

・試験開始時間と終了時間を計算して書き込んでから、タイマーを開始しましょう。（Part 7の開始時間も記入しておくと便利です）

・終了のアラームが鳴ったらすぐに試験を終了してください。

・採点は本冊で各回の解答解説の最初のページ、[正答と問題タイプ一覧] を見て行いましょう。

Half Test 2 解答用紙

学習日： 　　年　　月　　日

開始時間：　　時　　分　　　終了時間：　　時　　分　　（テスト時間合計 63分）

(Part 7 開始時間目標　　時　　分　　Part 7 解答時間目標 26分)

フリガナ	
NAME 氏 名	

LISTENING SECTION

Part 1

No.	ANSWER A B C D
1	Ⓐ Ⓑ Ⓒ Ⓓ
2	Ⓐ Ⓑ Ⓒ Ⓓ
3	Ⓐ Ⓑ Ⓒ Ⓓ
4	Ⓐ Ⓑ Ⓒ Ⓓ
5	Ⓐ Ⓑ Ⓒ Ⓓ
6	Ⓐ Ⓑ Ⓒ Ⓓ
7	Ⓐ Ⓑ Ⓒ Ⓓ
8	Ⓐ Ⓑ Ⓒ Ⓓ
9	Ⓐ Ⓑ Ⓒ Ⓓ
10	Ⓐ Ⓑ Ⓒ Ⓓ

Part 2

No.	ANSWER A B C D
11	Ⓐ Ⓑ Ⓒ Ⓓ
12	Ⓐ Ⓑ Ⓒ Ⓓ
13	Ⓐ Ⓑ Ⓒ Ⓓ
14	Ⓐ Ⓑ Ⓒ Ⓓ
15	Ⓐ Ⓑ Ⓒ Ⓓ
16	Ⓐ Ⓑ Ⓒ Ⓓ
17	Ⓐ Ⓑ Ⓒ Ⓓ
18	Ⓐ Ⓑ Ⓒ Ⓓ
19	Ⓐ Ⓑ Ⓒ Ⓓ
20	Ⓐ Ⓑ Ⓒ Ⓓ

Part 3

No.	ANSWER A B C D
21	Ⓐ Ⓑ Ⓒ Ⓓ
22	Ⓐ Ⓑ Ⓒ Ⓓ
23	Ⓐ Ⓑ Ⓒ Ⓓ
24	Ⓐ Ⓑ Ⓒ Ⓓ
25	Ⓐ Ⓑ Ⓒ Ⓓ
26	Ⓐ Ⓑ Ⓒ Ⓓ
27	Ⓐ Ⓑ Ⓒ Ⓓ
28	Ⓐ Ⓑ Ⓒ Ⓓ
29	Ⓐ Ⓑ Ⓒ Ⓓ
30	Ⓐ Ⓑ Ⓒ Ⓓ

Part 4

No.	ANSWER A B C D
31	Ⓐ Ⓑ Ⓒ Ⓓ
32	Ⓐ Ⓑ Ⓒ Ⓓ
33	Ⓐ Ⓑ Ⓒ Ⓓ
34	Ⓐ Ⓑ Ⓒ Ⓓ
35	Ⓐ Ⓑ Ⓒ Ⓓ
36	Ⓐ Ⓑ Ⓒ Ⓓ
37	Ⓐ Ⓑ Ⓒ Ⓓ
38	Ⓐ Ⓑ Ⓒ Ⓓ
39	Ⓐ Ⓑ Ⓒ Ⓓ
40	Ⓐ Ⓑ Ⓒ Ⓓ

READING SECTION

Part 5

No.	ANSWER A B C D
41	Ⓐ Ⓑ Ⓒ Ⓓ
42	Ⓐ Ⓑ Ⓒ Ⓓ
43	Ⓐ Ⓑ Ⓒ Ⓓ
44	Ⓐ Ⓑ Ⓒ Ⓓ
45	Ⓐ Ⓑ Ⓒ Ⓓ
46	Ⓐ Ⓑ Ⓒ Ⓓ
47	Ⓐ Ⓑ Ⓒ Ⓓ
48	Ⓐ Ⓑ Ⓒ Ⓓ
49	Ⓐ Ⓑ Ⓒ Ⓓ
50	Ⓐ Ⓑ Ⓒ Ⓓ
51	Ⓐ Ⓑ Ⓒ Ⓓ
52	Ⓐ Ⓑ Ⓒ Ⓓ
53	Ⓐ Ⓑ Ⓒ Ⓓ
54	Ⓐ Ⓑ Ⓒ Ⓓ
55	Ⓐ Ⓑ Ⓒ Ⓓ
56	Ⓐ Ⓑ Ⓒ Ⓓ
57	Ⓐ Ⓑ Ⓒ Ⓓ
58	Ⓐ Ⓑ Ⓒ Ⓓ
59	Ⓐ Ⓑ Ⓒ Ⓓ
60	Ⓐ Ⓑ Ⓒ Ⓓ
61	Ⓐ Ⓑ Ⓒ Ⓓ
62	Ⓐ Ⓑ Ⓒ Ⓓ
63	Ⓐ Ⓑ Ⓒ Ⓓ
64	Ⓐ Ⓑ Ⓒ Ⓓ
65	Ⓐ Ⓑ Ⓒ Ⓓ
66	Ⓐ Ⓑ Ⓒ Ⓓ
67	Ⓐ Ⓑ Ⓒ Ⓓ
68	Ⓐ Ⓑ Ⓒ Ⓓ
69	Ⓐ Ⓑ Ⓒ Ⓓ
70	Ⓐ Ⓑ Ⓒ Ⓓ

Part 6

No.	ANSWER A B C D
71	Ⓐ Ⓑ Ⓒ Ⓓ
72	Ⓐ Ⓑ Ⓒ Ⓓ
73	Ⓐ Ⓑ Ⓒ Ⓓ
74	Ⓐ Ⓑ Ⓒ Ⓓ
75	Ⓐ Ⓑ Ⓒ Ⓓ
76	Ⓐ Ⓑ Ⓒ Ⓓ
77	Ⓐ Ⓑ Ⓒ Ⓓ
78	Ⓐ Ⓑ Ⓒ Ⓓ
79	Ⓐ Ⓑ Ⓒ Ⓓ
80	Ⓐ Ⓑ Ⓒ Ⓓ

Part 7

No.	ANSWER A B C D
81	Ⓐ Ⓑ Ⓒ Ⓓ
82	Ⓐ Ⓑ Ⓒ Ⓓ
83	Ⓐ Ⓑ Ⓒ Ⓓ
84	Ⓐ Ⓑ Ⓒ Ⓓ
85	Ⓐ Ⓑ Ⓒ Ⓓ
86	Ⓐ Ⓑ Ⓒ Ⓓ
87	Ⓐ Ⓑ Ⓒ Ⓓ
88	Ⓐ Ⓑ Ⓒ Ⓓ
89	Ⓐ Ⓑ Ⓒ Ⓓ
90	Ⓐ Ⓑ Ⓒ Ⓓ
91	Ⓐ Ⓑ Ⓒ Ⓓ
92	Ⓐ Ⓑ Ⓒ Ⓓ
93	Ⓐ Ⓑ Ⓒ Ⓓ
94	Ⓐ Ⓑ Ⓒ Ⓓ
95	Ⓐ Ⓑ Ⓒ Ⓓ
96	Ⓐ Ⓑ Ⓒ Ⓓ
97	Ⓐ Ⓑ Ⓒ Ⓓ
98	Ⓐ Ⓑ Ⓒ Ⓓ
99	Ⓐ Ⓑ Ⓒ Ⓓ
100	Ⓐ Ⓑ Ⓒ Ⓓ

・試験開始時間と終了時間を計算して書き込んでから、タイマーを開始しましょう。（Part 7 の開始時間も記入しておくと便利です）

・終了のアラームが鳴ったらすぐに試験を終了してください。

・採点は本冊で各回の解答解説の最初のページ、［正答と問題タイプ一覧］を見て行いましょう。

Half Test ＿ 解答用紙

フリガナ

NAME
氏 名

学習日： 　　年　　月　　日

開始時間： 　　時　　分　　　終了時間： 　　時　　分　　（テスト時間合計　　分）

（Part 7 開始時間目標　　時　　分　　Part 7 解答時間目標 26分）

LISTENING SECTION

Part 1

No.	ANSWER A B C D
1	Ⓐ Ⓑ Ⓒ Ⓓ
2	Ⓐ Ⓑ Ⓒ Ⓓ
3	Ⓐ Ⓑ Ⓒ Ⓓ
4	Ⓐ Ⓑ Ⓒ Ⓓ
5	Ⓐ Ⓑ Ⓒ Ⓓ
6	Ⓐ Ⓑ Ⓒ Ⓓ
7	Ⓐ Ⓑ Ⓒ Ⓓ
8	Ⓐ Ⓑ Ⓒ Ⓓ
9	Ⓐ Ⓑ Ⓒ Ⓓ
10	Ⓐ Ⓑ Ⓒ Ⓓ

Part 2

No.	ANSWER A B C D
11	Ⓐ Ⓑ Ⓒ Ⓓ
12	Ⓐ Ⓑ Ⓒ Ⓓ
13	Ⓐ Ⓑ Ⓒ Ⓓ
14	Ⓐ Ⓑ Ⓒ Ⓓ
15	Ⓐ Ⓑ Ⓒ Ⓓ
16	Ⓐ Ⓑ Ⓒ Ⓓ
17	Ⓐ Ⓑ Ⓒ Ⓓ
18	Ⓐ Ⓑ Ⓒ Ⓓ
19	Ⓐ Ⓑ Ⓒ Ⓓ
20	Ⓐ Ⓑ Ⓒ Ⓓ

Part 3

No.	ANSWER A B C D
21	Ⓐ Ⓑ Ⓒ Ⓓ
22	Ⓐ Ⓑ Ⓒ Ⓓ
23	Ⓐ Ⓑ Ⓒ Ⓓ
24	Ⓐ Ⓑ Ⓒ Ⓓ
25	Ⓐ Ⓑ Ⓒ Ⓓ
26	Ⓐ Ⓑ Ⓒ Ⓓ
27	Ⓐ Ⓑ Ⓒ Ⓓ
28	Ⓐ Ⓑ Ⓒ Ⓓ
29	Ⓐ Ⓑ Ⓒ Ⓓ
30	Ⓐ Ⓑ Ⓒ Ⓓ

Part 4

No.	ANSWER A B C D
31	Ⓐ Ⓑ Ⓒ Ⓓ
32	Ⓐ Ⓑ Ⓒ Ⓓ
33	Ⓐ Ⓑ Ⓒ Ⓓ
34	Ⓐ Ⓑ Ⓒ Ⓓ
35	Ⓐ Ⓑ Ⓒ Ⓓ
36	Ⓐ Ⓑ Ⓒ Ⓓ
37	Ⓐ Ⓑ Ⓒ Ⓓ
38	Ⓐ Ⓑ Ⓒ Ⓓ
39	Ⓐ Ⓑ Ⓒ Ⓓ
40	Ⓐ Ⓑ Ⓒ Ⓓ

Part 4

No.	ANSWER A B C D
41	Ⓐ Ⓑ Ⓒ Ⓓ
42	Ⓐ Ⓑ Ⓒ Ⓓ
43	Ⓐ Ⓑ Ⓒ Ⓓ
44	Ⓐ Ⓑ Ⓒ Ⓓ
45	Ⓐ Ⓑ Ⓒ Ⓓ
46	Ⓐ Ⓑ Ⓒ Ⓓ
47	Ⓐ Ⓑ Ⓒ Ⓓ
48	Ⓐ Ⓑ Ⓒ Ⓓ
49	Ⓐ Ⓑ Ⓒ Ⓓ
50	Ⓐ Ⓑ Ⓒ Ⓓ

READING SECTION

Part 5

No.	ANSWER A B C D
51	Ⓐ Ⓑ Ⓒ Ⓓ
52	Ⓐ Ⓑ Ⓒ Ⓓ
53	Ⓐ Ⓑ Ⓒ Ⓓ
54	Ⓐ Ⓑ Ⓒ Ⓓ
55	Ⓐ Ⓑ Ⓒ Ⓓ
56	Ⓐ Ⓑ Ⓒ Ⓓ
57	Ⓐ Ⓑ Ⓒ Ⓓ
58	Ⓐ Ⓑ Ⓒ Ⓓ
59	Ⓐ Ⓑ Ⓒ Ⓓ
60	Ⓐ Ⓑ Ⓒ Ⓓ

No.	ANSWER A B C D
61	Ⓐ Ⓑ Ⓒ Ⓓ
62	Ⓐ Ⓑ Ⓒ Ⓓ
63	Ⓐ Ⓑ Ⓒ Ⓓ
64	Ⓐ Ⓑ Ⓒ Ⓓ
65	Ⓐ Ⓑ Ⓒ Ⓓ
66	Ⓐ Ⓑ Ⓒ Ⓓ
67	Ⓐ Ⓑ Ⓒ Ⓓ
68	Ⓐ Ⓑ Ⓒ Ⓓ
69	Ⓐ Ⓑ Ⓒ Ⓓ
70	Ⓐ Ⓑ Ⓒ Ⓓ

Part 6

No.	ANSWER A B C D
71	Ⓐ Ⓑ Ⓒ Ⓓ
72	Ⓐ Ⓑ Ⓒ Ⓓ
73	Ⓐ Ⓑ Ⓒ Ⓓ
74	Ⓐ Ⓑ Ⓒ Ⓓ
75	Ⓐ Ⓑ Ⓒ Ⓓ
76	Ⓐ Ⓑ Ⓒ Ⓓ
77	Ⓐ Ⓑ Ⓒ Ⓓ
78	Ⓐ Ⓑ Ⓒ Ⓓ
79	Ⓐ Ⓑ Ⓒ Ⓓ
80	Ⓐ Ⓑ Ⓒ Ⓓ

Part 7

No.	ANSWER A B C D
81	Ⓐ Ⓑ Ⓒ Ⓓ
82	Ⓐ Ⓑ Ⓒ Ⓓ
83	Ⓐ Ⓑ Ⓒ Ⓓ
84	Ⓐ Ⓑ Ⓒ Ⓓ
85	Ⓐ Ⓑ Ⓒ Ⓓ
86	Ⓐ Ⓑ Ⓒ Ⓓ
87	Ⓐ Ⓑ Ⓒ Ⓓ
88	Ⓐ Ⓑ Ⓒ Ⓓ
89	Ⓐ Ⓑ Ⓒ Ⓓ
90	Ⓐ Ⓑ Ⓒ Ⓓ

No.	ANSWER A B C D
91	Ⓐ Ⓑ Ⓒ Ⓓ
92	Ⓐ Ⓑ Ⓒ Ⓓ
93	Ⓐ Ⓑ Ⓒ Ⓓ
94	Ⓐ Ⓑ Ⓒ Ⓓ
95	Ⓐ Ⓑ Ⓒ Ⓓ
96	Ⓐ Ⓑ Ⓒ Ⓓ
97	Ⓐ Ⓑ Ⓒ Ⓓ
98	Ⓐ Ⓑ Ⓒ Ⓓ
99	Ⓐ Ⓑ Ⓒ Ⓓ
100	Ⓐ Ⓑ Ⓒ Ⓓ

・試験開始時間と終了時間を計算して書き込んでから、タイマーを開始しましょう。（Part 7 の開始時間も記入しておくと便利です）

・終了のアラームが鳴ったらすぐに試験を終了してください。

・採点は本冊で各回の解答解説の最初のページ、［正答と問題タイプ一覧］を見て行いましょう。

Half Test ＿ 解答用紙

フリガナ

NAME
氏 名

学習日： 　　年　　月　　日

開始時間：　　　時　　　分　　　終了時間：　　　時　　　分　　（テスト時間合計　　分）

（Part 7 開始時間目標　　時　　分　　Part 7 解答時間目標 26分）

LISTENING SECTION

Part 1

No.	ANSWER A B C D
1	Ⓐ Ⓑ Ⓒ Ⓓ
2	Ⓐ Ⓑ Ⓒ Ⓓ
3	Ⓐ Ⓑ Ⓒ Ⓓ
4	Ⓐ Ⓑ Ⓒ Ⓓ
5	Ⓐ Ⓑ Ⓒ Ⓓ
6	Ⓐ Ⓑ Ⓒ Ⓓ
7	Ⓐ Ⓑ Ⓒ Ⓓ
8	Ⓐ Ⓑ Ⓒ Ⓓ
9	Ⓐ Ⓑ Ⓒ Ⓓ
10	Ⓐ Ⓑ Ⓒ Ⓓ

Part 2

No.	ANSWER A B C D
11	Ⓐ Ⓑ Ⓒ Ⓓ
12	Ⓐ Ⓑ Ⓒ Ⓓ
13	Ⓐ Ⓑ Ⓒ Ⓓ
14	Ⓐ Ⓑ Ⓒ Ⓓ
15	Ⓐ Ⓑ Ⓒ Ⓓ
16	Ⓐ Ⓑ Ⓒ Ⓓ
17	Ⓐ Ⓑ Ⓒ Ⓓ
18	Ⓐ Ⓑ Ⓒ Ⓓ
19	Ⓐ Ⓑ Ⓒ Ⓓ
20	Ⓐ Ⓑ Ⓒ Ⓓ

Part 3

No.	ANSWER A B C D
21	Ⓐ Ⓑ Ⓒ Ⓓ
22	Ⓐ Ⓑ Ⓒ Ⓓ
23	Ⓐ Ⓑ Ⓒ Ⓓ
24	Ⓐ Ⓑ Ⓒ Ⓓ
25	Ⓐ Ⓑ Ⓒ Ⓓ
26	Ⓐ Ⓑ Ⓒ Ⓓ
27	Ⓐ Ⓑ Ⓒ Ⓓ
28	Ⓐ Ⓑ Ⓒ Ⓓ
29	Ⓐ Ⓑ Ⓒ Ⓓ
30	Ⓐ Ⓑ Ⓒ Ⓓ

Part 4

No.	ANSWER A B C D
31	Ⓐ Ⓑ Ⓒ Ⓓ
32	Ⓐ Ⓑ Ⓒ Ⓓ
33	Ⓐ Ⓑ Ⓒ Ⓓ
34	Ⓐ Ⓑ Ⓒ Ⓓ
35	Ⓐ Ⓑ Ⓒ Ⓓ
36	Ⓐ Ⓑ Ⓒ Ⓓ
37	Ⓐ Ⓑ Ⓒ Ⓓ
38	Ⓐ Ⓑ Ⓒ Ⓓ
39	Ⓐ Ⓑ Ⓒ Ⓓ
40	Ⓐ Ⓑ Ⓒ Ⓓ

No.	ANSWER A B C D
41	Ⓐ Ⓑ Ⓒ Ⓓ
42	Ⓐ Ⓑ Ⓒ Ⓓ
43	Ⓐ Ⓑ Ⓒ Ⓓ
44	Ⓐ Ⓑ Ⓒ Ⓓ
45	Ⓐ Ⓑ Ⓒ Ⓓ
46	Ⓐ Ⓑ Ⓒ Ⓓ
47	Ⓐ Ⓑ Ⓒ Ⓓ
48	Ⓐ Ⓑ Ⓒ Ⓓ
49	Ⓐ Ⓑ Ⓒ Ⓓ
50	Ⓐ Ⓑ Ⓒ Ⓓ

READING SECTION

Part 5

No.	ANSWER A B C D
51	Ⓐ Ⓑ Ⓒ Ⓓ
52	Ⓐ Ⓑ Ⓒ Ⓓ
53	Ⓐ Ⓑ Ⓒ Ⓓ
54	Ⓐ Ⓑ Ⓒ Ⓓ
55	Ⓐ Ⓑ Ⓒ Ⓓ
56	Ⓐ Ⓑ Ⓒ Ⓓ
57	Ⓐ Ⓑ Ⓒ Ⓓ
58	Ⓐ Ⓑ Ⓒ Ⓓ
59	Ⓐ Ⓑ Ⓒ Ⓓ
60	Ⓐ Ⓑ Ⓒ Ⓓ

No.	ANSWER A B C D
61	Ⓐ Ⓑ Ⓒ Ⓓ
62	Ⓐ Ⓑ Ⓒ Ⓓ
63	Ⓐ Ⓑ Ⓒ Ⓓ
64	Ⓐ Ⓑ Ⓒ Ⓓ
65	Ⓐ Ⓑ Ⓒ Ⓓ
66	Ⓐ Ⓑ Ⓒ Ⓓ
67	Ⓐ Ⓑ Ⓒ Ⓓ
68	Ⓐ Ⓑ Ⓒ Ⓓ
69	Ⓐ Ⓑ Ⓒ Ⓓ
70	Ⓐ Ⓑ Ⓒ Ⓓ

Part 6

No.	ANSWER A B C D
71	Ⓐ Ⓑ Ⓒ Ⓓ
72	Ⓐ Ⓑ Ⓒ Ⓓ
73	Ⓐ Ⓑ Ⓒ Ⓓ
74	Ⓐ Ⓑ Ⓒ Ⓓ
75	Ⓐ Ⓑ Ⓒ Ⓓ
76	Ⓐ Ⓑ Ⓒ Ⓓ
77	Ⓐ Ⓑ Ⓒ Ⓓ
78	Ⓐ Ⓑ Ⓒ Ⓓ
79	Ⓐ Ⓑ Ⓒ Ⓓ
80	Ⓐ Ⓑ Ⓒ Ⓓ

Part 7

No.	ANSWER A B C D
81	Ⓐ Ⓑ Ⓒ Ⓓ
82	Ⓐ Ⓑ Ⓒ Ⓓ
83	Ⓐ Ⓑ Ⓒ Ⓓ
84	Ⓐ Ⓑ Ⓒ Ⓓ
85	Ⓐ Ⓑ Ⓒ Ⓓ
86	Ⓐ Ⓑ Ⓒ Ⓓ
87	Ⓐ Ⓑ Ⓒ Ⓓ
88	Ⓐ Ⓑ Ⓒ Ⓓ
89	Ⓐ Ⓑ Ⓒ Ⓓ
90	Ⓐ Ⓑ Ⓒ Ⓓ

No.	ANSWER A B C D
91	Ⓐ Ⓑ Ⓒ Ⓓ
92	Ⓐ Ⓑ Ⓒ Ⓓ
93	Ⓐ Ⓑ Ⓒ Ⓓ
94	Ⓐ Ⓑ Ⓒ Ⓓ
95	Ⓐ Ⓑ Ⓒ Ⓓ
96	Ⓐ Ⓑ Ⓒ Ⓓ
97	Ⓐ Ⓑ Ⓒ Ⓓ
98	Ⓐ Ⓑ Ⓒ Ⓓ
99	Ⓐ Ⓑ Ⓒ Ⓓ
100	Ⓐ Ⓑ Ⓒ Ⓓ

・ 試験開始時間と終了時間を計算して書き込んでから、タイマーを開始しましょう。（Part 7 の開始時間も記入しておくと便利です）

・ 終了のアラームが鳴ったらすぐに試験を終了してください。

・ 採点は本冊で各回の解答解説の最初のページ、「正答と問題タイプ一覧」を見て行いましょう。